Coleção
Biblioteca
do Maçom

EDITORA MAÇÔNICA
A TROLHA

PREFÁCIO

O presente Trabalho, fruto de laboriosas pesquisas da nossa Arte, brotou da necessidade sentida de buscar respostas às naturais dúvidas de todo aquele que se Inicia no Mistério Maçônico. Resolvi fazer um livro prático sobre a Fraternidade, para leitura e pesquisa.

Este porém talvez não satisfará tão cabalmente, devido à vastidão e complexidade do assunto, e também não tenho nenhuma pretensão de apresentar nenhuma originalidade.

A Maçonaria é rígida em seus princípios, mas é tolerante com as pessoas, ensinando-as a respeitar as diversas opiniões por mais antagônicas que sejam, incitando a prática sincera da tolerância.

Seu objetivo é ajudar o homem a reforçar seu caráter, melhorar a sua visão moral e espiritual, procurando assim aumentar o seu horizonte mental.

Aos Maçons, é exigido através dos seus "Landmarks" que proclamem os seguintes princípios:

1. Amem a Deus, a sua pátria e a humanidade.
2. Pratiquem a beneficência de modo discreto, e sem humilhar.
3. Pratiquem a solidariedade maçônica nas causas justas, fortalecendo assim os laços maçônicos de fraternidade.
4. Defendam os direitos e garantias individuais do homem.
5. Considerem o trabalho digno e lícito como dever do homem.

6. Exijam de seus membros boa reputação moral, cívica, social e familiar, pugnando pelo aperfeiçoamento dos costumes.
7. Sejam tolerantes para com toda forma de manifestação de consciência, de religião ou de filosofia, cujos objetivos sejam os de conquistar a verdade, a moral, a paz e o bem social.
8. Lutem pelo princípio da equidade, dando a cada um o que for justo, de acordo com sua capacidade, obras e méritos.
9. Combatam o fanatismo, as paixões, o obscurantismo e os vícios.
10. Simbolicamente, o Maçom se vê como uma Pedra Bruta que, trabalhando com suas ferramentas alegóricas e adequadas, procura converter-se em um cubo perfeito e polido, para assim poder encaixar-se Justo e Perfeito na estrutura do Templo do Grande Arquiteto do Universo.

Nas palavras de Newton:

> *A Maçonaria não é uma obra de época; pertence a todas as épocas e, sem aderir a nenhuma religião, encontra grandes Verdades em todas elas. A Maçonaria ostenta a Verdade comum às religiões superiores que formam a Abóbada de todos os credos. Não se apoia senão em dois sustentáculos extremamente simples: o amor a Deus e o amor ao Homem, que leva a si a Divindade e caminha para Ela.*

A Maçonaria mudou muito desde sua criação até os dias de hoje. Juntamente com ela mudaram os seus membros, os Maçons. Todos os tipos de Maçonaria já existentes exigiram um determinado comportamento de participantes, de acordo com o momento, com o local, com a sociedade. No entanto, em todas elas foi exigido que seus Maçons adquirissem conhecimentos, e através da discussão desses conhecimentos chegassem à sabedoria, pois para uma sociedade que tenciona a Liberdade, a Igualdade e a **Fraternidade** em todo o mundo sabe que só com sabedoria se consegue alcançar esses objetivos.

O conhecimento é a aquisição de informações e estas se consegue através de leituras, conversas, observações, filmes etc.. Mas o conhecimento sem a sabedoria leva a atos que podem ser usados para o bem e também para o mal. Temos como exemplos os homens que fazem muitos cursos de vários Graus, formam-se em diversas profissões e não mudam seu comportamento perante o mundo, a sociedade ou mesmo em relação a sua família. Vemos os governos formados por esses homens que pouco se preocupam com a sociedade, atingem um grau de corrupção altíssimo e tentam perpetuar essa situação através da própria família e de correligionários.

A sabedoria é aplicação dos conhecimentos adquiridos para o bem da humanidade, de forma a levar todos os homens a alcançarem também a sabedoria, e com ela todos cresçam em todos os níveis. A sabedoria prega a Igualdade, que provoca a Fraternidade e as duas levam à Liberdade.

A Maçonaria precisa promover, dentro de seus Quadros, a discussão de informações de todos os tipos, de todas as épocas e trazer isso à reflexão de seus membros e cobrar de todos eles uma reflexão séria. O Quadro Maçônico deve dar bons exemplos de comportamento à sociedade e com isso transformar essa sociedade, começando pela própria família do Maçom.

A Maçonaria, de tempos imemoriais, precisa continuar sendo A Maçonaria, Ordem Universal formada de homens de todas as raças, credos e nacionalidades, acolhidos por Iniciação e congregados em Lojas, nas quais, por métodos ou meios racionais, auxiliados por Símbolos e Alegorias, estudam e trabalham para a construção da SOCIEDADE HUMANA, fundada no AMOR FRATERNAL, na esperança de que o AMOR ao GRANDE ARQUITETO DO UNIVERSO, À PÁTRIA, À FAMÍLIA e ao PRÓXIMO, com Tolerância, Virtude e Sabedoria, com a constante e livre investigação da Verdade, com o progresso do Conhecimento Humano, das Ciências e das Artes, sob a tríade LIBERDADE, IGUALDADE E FRATERNIDADE, dentro dos princípios da Razão e da Justiça, propugna para que o mundo alcance FELICIDADE GERAL e a PAZ UNIVERSAL.

O papel do Maçom de hoje continua sendo de grande importância, mas agora está no âmbito das ideias, do comportamento, do crescimento como pessoa. A luta agora é por valores intelectuais, não mais de uma classe, mas de toda a humanidade.

A Maçonaria estimula a prática de princípios nobres, tais como: Gentileza, Honestidade, Decência, Amabilidade, Honradez, Compreensão, Afeto.

Para os membros da Ordem todos os Homens fazem parte da Grande Fraternidade Humana, portanto, todos são Irmãos, independentemente de Credo, Política, Cor, Raça ou qualquer outro parâmetro que possa servir para dividir os homens.

Os Três Grandes Princípios sobre os quais está fundamentada a busca do progresso e da autorrealização do Maçom são:

O Amor Fraterno: O verdadeiro Maçom mostrará sempre a mais profunda tolerância e respeito pela opinião dos demais, portando-se sempre com compreensão.

Ajuda e Consolo: Não só entre os Maçons, mas com toda a Comunidade Humana.

Verdade: É o princípio norteador da vida do Maçom, mesmo porque faz-se necessária toda uma vida para chegar-se próximo de ser um bom Maçom.

O Maçom se irmana pelo conhecimento, pela solidariedade e por sua origem simbólica que se perde na noite dos tempos. Se o Templo é o arquétipo da solidariedade humana, o Homem deve se considerar o arquétipo da fraternidade universal.

São deveres essenciais do Maçom: amar a família, servir com fidelidade e devotamento à Pátria e obedecer à Lei.

Sábia em sua proposição, a Maçonaria estimula a alquimia do amor na sua própria fonte: A FAMÍLIA.

Partindo do conceito do reto proceder em sua própria casa, o Maçom terá a oportunidade de dignificar sua cidadania no serviço desinteressado ao seu País, defendendo intransigentemente sua Carta Magna.

A Maçonaria, como um Estado dentro do Estado, estabelece em todos os quadrantes os direitos das minorias, o livre expressar, tudo de acordo com Lei votada por homens Livres e de Bons Costumes.

A determinação de que os Maçons estendam e liberalizem os laços fraternais que os unem entre si a todos os Homens esparsos pela superfície da Terra, aqui nos deparamos com o ideal da FRATERNIDADE UNIVERSAL. Nossa Arte não elitiza suas fileiras, mas abrindo suas portas ao buscador de boa vontade pretende transformar a sociedade internacional pelo conhecimento da via iniciática, depositando num futuro qualquer a Filosofia Maçônica no coração dos herdeiros da LUZ.

A Maçonaria confirma e complementa a fé religiosa. Os princípios da nossa Ordem são baseados nos mesmos preceitos morais que fundamentam toda fé verdadeira. Todo Maçom deve crer na Existência de um SER SUPREMO (DEUS). Ele deve lutar para viver moralmente em conformidade com os mais altos padrões de caráter individual e conduta social. Consequentemente, todo Maçom aceita e executa os "Regulamentos da Ordem", trabalha toda a sua vida para cumprir os objetivos da Maçonaria, que são: a filantropia para os necessitados e o amor fraterno para todos os membros da raça humana.

A Maçonaria tem sempre as suas portas abertas para todos os homens Livres e de Bons Costumes e de todas as fés e crenças religiosas, que creiam no Supremo Arquiteto do Universo e na imortalidade da alma. Através de procedimentos e Símbolos o Maçom se prepara para receber a graça espiritual. Com uma fundamentação moral interna rígida, a Maçonaria trabalha para que os homens possam melhorar o seu edifício interior, sendo assim, cada Irmão dentro das Oficinas ou Lojas, seja através do seu trabalho ou dos outros Irmãos, construirá o seu Templo Interior com os melhores princípios éticos e morais, ganhando a humanidade um Mensageiro Realizador da Vontade do Supremo Arquiteto do Universo.

A Fé de um Maçom, após ter percorrido os estreitos caminhos da sua Iniciação, que, infelizmente, em alguns casos poderá levar toda a sua vida, está muito acima do sectarismo estreito e das limitações dos Dogmas. O Maçom trabalhará incansavelmente para imitar a perfeição do seu Criador.

A Maçonaria não é um credo ou seita religiosa, o Maçom busca a sabedoria contida em todos os Grandes Livros Sagrados reconhecidos pela Fé Universal, da Bíblia ao Alcorão. Crendo que neles encontra e sempre encontrará, os meios para buscar e promover a felicidade neste mundo e aguardar a sua recompensa no próximo. Portanto, a Maçonaria estará sempre com as suas portas abertas para receber todos os Homens Livres e de Bons Costumes, sejam eles, Cristãos, Judeus, Muçulmanos, Budistas etc., bons homens de todas as religiões, que verdadeiramente aspirem viver segundo a vontade do Criador.

A Maçonaria é uma filosofia e uma Fraternidade, onde os homens bons se "encontram no Nível e se separam no Quadrado". Isto une todos os Maçons através de um laço místico de irmandade sincera e amor mútuo. Fé e trabalho, alma e corpo, coração e mão estão sempre unidos entre os Maçons, por isto, em todo lugar onde trabalha, a Maçonaria levará PAZ E HARMONIA PARA HONRAR O CRIADOR E SERVIR A HUMANIDADE.

Os objetivos da Maçonaria complementam e não contradizem as crenças religiosas, como alguns dos seus inimigos querem fazer crer.

A Maçonaria é uma fonte e uma poderosa força universal,

que promove a melhora espiritual do indivíduo e deste na sociedade.

A Excelência do Amor Fraternal

Salmo 133 – Cântico de Romagem. De Davi
1. Ó quão bom e quão suave é viverem os irmãos em união!
2. É como um azeite precioso derramado na cabeça, que desce sobre a barba, a barba de Aarão, que desce à orla do seu vestido;
3. É como o orvalho do Hermon, que desce sobre o Monte Sião: Porque ali o Senhor derrama a sua bênção, a vida para sempre!

O Salmo 133 representa para os Maçons LIBERDADE, IGUALDADE e FRATERNIDADE. Para os seguidores das Doutrinas Orientais temos os MANTRAS. Para os Hebreus, os SALMOS. Para os esoteristas a SÍNTESE; o que é desvendado além do véu, O SOM DAS ESFERAS.

A união que este Salmo descreve depende tão somente da união de cada Irmão, individualmente com o Senhor Deus. Somente esta união pode apresentar um testemunho eficiente perante o mundo, e uma atmosfera na qual nossa fé pode florescer.

A unção do sumo sacerdote Aarão, nessa passagem, simboliza a sua vocação de manter o povo de Israel em comunhão com Deus, sendo esta, portanto, a grande e mais significativa mensagem transmitida por esse texto bíblico e está reunida no título resumo que encima os versículos citados, ou seja, A EXCELÊNCIA DO AMOR FRATERNAL.

A citação do Orvalho do Hermon alude ao fato que, naquelas regiões do Oriente, apesar do clima muitas vezes inóspito, o orvalho faz os campos florescerem e produzir boas ceifas. Simbolicamente demonstrando aos Maçons que, apesar das dificuldades em semear bons e verdadeiros ensinamentos no coração humano, não se deve desanimar, pois sempre se pode contar com o orvalho simbólico, da fé em Deus, para se obter uma excelente ceifa, ou seja, para atingir o desiderato de bem formar homens para a construção Moral e Social a que se propõe a Ordem.

Segundo a palavra de Jesus Cristo, o AMOR AO PRÓXIMO está associado ao AMOR DE DEUS, que lhe dá, portanto, a mesma importância e o mesmo destaque.

Do ponto de vista maçônico, encontramos na terceira Instrução do Ritual de Aprendiz Maçom a assertiva de que a inteligência, quando dirigida por uma sã Moral, é suficiente para discernir o Bem do Mal.

A Moral ensinada pela Maçonaria baseia-se no AMOR AO PRÓXIMO, nesse mesmo amor ensinado por Deus e por Jesus Cristo, que podemos conhecer pelos textos bíblicos acima citados, que nos dão a certeza do cuidado de Deus para com todos nós.

É esse amor fraterno que o verdadeiro Maçom deve praticar, não só dentro das Lojas, mas, sim e principalmente, na vida profana, para exercitar aquilo que foi aprendido nos nossos Templos; do contrário seremos apenas acadêmicos bem formados.

Nos três Graus Simbólicos, o Venerável Mestre ergue uma prece ao Grande Arquiteto do Universo na qual se diz:

> *... Subjuguemos paixões e intransigências à fiel obediência dos sublimes princípios da Fraternidade, a fim de que nossa Loja possa ser o reflexo da Ordem e da Beleza que resplandece em Teu trono.*

Esta prece reitera para os Maçons, que o amor fraternal é a preparação indispensável para pretender-se alcançar o cimo da Escada de Jacó, que os verdadeiros Maçons haverão de galgar, um por um, todos os seus degraus, na busca de Deus e de sua perfeita conformidade com Ele (Deus), tendo sempre presente em sua mente e em seu coração, o solene e fundamental dever de estreitar os laços de amizade fraternal que nos unem (os Maçons) como verdadeiros Irmãos.

Em sua primeira estrofe, ouvimos com emoção:

Ó quão bom e quão suave é viverem os Irmãos em união!

Eis aqui a primeira lição daquele que deverá ser o Eterno Aprendiz. A União que o faz fraterno pela Iniciação.

Toda subida, como a saída de nossos Irmãos do cativeiro babilônico parece à primeira vista dolorosa, porém, a visão do alto do Monte é o prêmio da LIBERDADE.

CIRO liberta o povo eleito da Babilônia. Os irmãos em União caminham para Jerusalém. O APRENDIZ suporta o cativeiro da CÂMARA e começa suas viagens da direção da Jerusalém Celeste, guiado e exaltado pelos louvores da promessa suave e boa da União Interior.

A dor do cativeiro não se compara com a alegria da LIBERTAÇÃO NA EXCELÊNCIA DO AMOR FRATERNAL.

Levemos em conta que o salmista preocupava-se com a dispersão dos hebreus, que se acontecesse, iria sempre enfraquecer as tribos e tornar problemática a continuidade da raça e a crença em um só Deus, o que era um apanágio, porque só a religião e a fé em um Deus Único mantinha unido um povo com tendência à dispersão. Por ser um povo dedicado exclusivamente ao pastoreio, sua força e poderio refletia-se no volume dos rebanhos pertencentes à família, que normalmente permanecia unida, evitando-se inclusive casamento de seus varões com mulheres de outras Tribos, o que iria inevitavelmente provocar uma diminuição no rebanho bovino, caprino ou ovino com a passagem do homem para a tribo da esposa, isso sem falar na perda do guerreiro, o que, naqueles tempos de conquistas, representava perda irreparável para o clã.

Nos tempos atuais, esta representatividade é trazida para os Templos Maçônicos, buscando mostrar que dentro de uma comunidade de pensamentos e religiões diferentes, embora com etnias diversas, pode-se viver em perfeita união e harmonia, desde que se busque o mesmo objetivo, que é o progresso coletivo através da eliminação das imperfeições individuais e busca incessante do conhecimento que traz como consequência, a liberdade espiritual. No ponto de vista prático, esta frase nos lembra que a união dá a força e proteção, devendo reunir-nos em torno da família e daqueles a quem amamos a fim de criar um escudo protetor contra as agressões externas. Levando-se um pouco mais longe, lembremos que devemos viver em união permanente com toda a humanidade, uma vez que, quando dizemos que Deus é o nosso Pai e o nosso vizinho, da casa ao lado, ou o habitante da longínqua Tasmânia, é o nosso irmão. Negar tal fato seria uma incoerência e até mesmo no tocante à religiosidade, uma heresia.

O versículo dois nos diz:

> *É como um azeite precioso derramado na cabeça, que desce sobre a barba, a barba de Aarão, que desce à orla do seu vestido.*

Como sabemos, o óleo ou azeite fazem parte, desde tempos imemoriais, das cerimônias de consagração. Através dos mais variados Rituais, este transmutador alquímico é despejado sobre a cabeça, que é o centro da inteligência e a sede do espírito. Já naquele tempo o salmista determinava a unção sagrada do "escolhido" através da colocação do óleo na parte física que representava o "canal" de comunicação com o Criador, a cabeça, que como sabemos recebe as influências vindas dos planos superiores, sejam astral ou espiritual.

Aquele que é ungido com o azeite passa a portar as virtudes alquímicas deste transmutador que, junto com o Mercúrio, nos fará compreender o Sal da Vida e o significado solar do enxofre divino.

Fomos informados de que nas Cerimônias Maçônicas de Ordem Comaçônica o óleo é usado durante a admissão do Companheiro e nas Instalações de Lojas.

O óleo nos faz ungidos para serviço ainda maior na direção do ideal Maior da Fraternidade Universal.

Os Patriarcas tinham profunda consideração pela barba, atributo do varão que, com ela, mostrava toda sua dignidade. Não somente ter a barba, mas cuidá-la, pois não o fazendo, poderia ser considerado num estado de loucura.

Era costume beijar a barba de um amigo. Ofensa grave cortar parte ou toda a barba de alguém.

Vemos, deste modo, que o óleo do ungido desce sobre a dignidade do sacrificador, sua barba, a barba de Aarão, até a orla do seu vestido.

Observemos que o óleo antes de descer à orla do vestido de Aarão, deslizou pela sua barba, mas foi inicialmente derramado sobre sua cabeça, SEDE DA MENTE.

Não podemos esquecer que Aarão é o sacerdote que sacrifica para purgar os pecados do seu povo, daí o odor nauseabundo da carne queimando no altar.

Livre e ungido, ele prestará o SERVIÇO simbolizado pelo perfume do incenso, como o espiral na direção do Mestre Espiritual por excelência.

Neste instante, ele é incorruptível como a Mirra. Ele é o Ouro de Melquior e companheiro da Luz dos outros Magos, que o fazem retornar à Vida pelo Amor prestado no Altar dos Altares. Quando o Homem adentrou no Templo precisou da pele e, a vestimenta do nosso irmão de ontem é o nosso Avental de hoje.

Finalmente:

> *É como o orvalho do Hermon, que desce sobre o Monte Sião:*
> *Porque ali o Senhor derrama a sua bênção, a vida para sempre.*

O Orvalho do Hermon está representando para o salmista a renovação da vida, seguindo os parâmetros da Natureza que revigora a vida na vegetação com a irrigação provocada pelo orvalho durante a madrugada do novo dia, recebendo a bênção do Senhor pela renovação cíclica da vida, o que em linhas gerais significa a VIDA PARA SEMPRE.

Toda uma comparação aqui se encontra entre a Natureza prodigiosa e a Paz Profunda que reina nos corações dos Irmãos que vivem em União.

O óleo que ungiu Aarão é o mesmo orvalho que cobre o Monte, que é todo Luz onde tudo mais é sombra.

Moisés subiu o SINAI para receber a Lei. Não face a face como o Grande Arquiteto do Universo, mas como elo intermediário da Luz que habita e habitará sempre a FONTE INESGOTÁVEL E ETERNA que transborda seu orvalho para aqueles que suave e prazerosamente aceitam sua bênção e A VIDA PARA SEMPRE.

Quando estivermos presentes em Templo, estaremos, também, por ocasião da leitura do Salmo 133, recebendo o óleo precioso sobre as nossas cabeças e sentiremos que ele desce sobre nossos rostos e pela gola de nossas vestes, ocasião em que deve orvalhar o nosso coração, quando estaremos recebendo a bênção do Grande Arquiteto do Universo na certeza da Vida Eterna.

O AUTOR

APRESENTAÇÃO DOS EDITORES

Mais do que nunca o homem procura um sentido em viver, seja buscando a si mesmo, ou voltando-se a programas de voluntariado.

No entanto, o que impele o homem a não se contentar em apenas ter? Considerando que, desde o momento do nascimento até a morte está fadado a querer ter uma vida como nos comerciais de margarina, isto é, ser feliz, ter uma família feliz, todos saudáveis e bonitos, prósperos e unidos para sempre. Sem generalizar, isto na vida cotidiana é apenas um quadro inatingível, porque viver significa estar pronto para as dificuldades cotidianas que surgirão invariavelmente, para uns mais para outros menos. Viver neste período de manuais e com a sociedade exigindo felicidade e beleza constantes, e com consultores em todas as áreas da vida, convencendo ao pobre humano como ser e fazer, quanto precisa ganhar ou conquistar, e assim por diante. Porque hoje tudo significa ganho financeiro, e nem conselho se dá mais, vende-se.

É justamente neste terreno pedregoso que o autor Oswaldo da Rocha Michel caminha naturalmente, neste segundo livro da trilogia sobre a vida, onde ele fala de suas experiências e da forma mais natural preconizada pelos grandes iluminados, onde a vida é uma bênção que vale a pena ser vivida, e que a forma de viver e seus resultados estão intimamente ligados. Embora certamente tenhamos muito mais do que precisamos, existe uma campanha midiática de que precisamos de mais porque, se alcançamos nosso objetivo é porque podemos conseguir mais. A propaganda como geradora de consumo está certa, mas o homem intimamente precisa ser; querendo ou não, é inerente a ele. O que nos mostra este livro é que se usarmos as propagandas como símbolos, que todo Maçom conhece e reconhece, viver será muito mais simples, porque nos textos e nos relatos que aqui constam, existe simbologia similar:

Mídia: Você merece o melhor!

Espiritualmente, quando buscamos, alcançamos;

Mídia: Compre este produto ou tenha isto e aquilo e seja feliz;

Espiritualmente, se ouvirmos a voz da razão, materializaremos o que desejamos e então obteremos momentos de alegria e contentamento, e assim por diante.

O homem sofre porque acredita que o outro apenas o fará feliz ou infeliz, rico ou pobre.

Atualmente somos mais ricos, bonitos, velozes, inteligentes, porém, mais sórdidos, individualistas, indiferentes e tristes.

Maçons ou não, esta obra vem ao nosso encontro buscando mostrar que podemos sim alcançar o topo, porque assim o merecemos; basta que encontremos a fonte interior e deixemos a margarina só para passar no pão.

Os Editores

Londrina, fevereiro de 2010.

INTRODUÇÃO

Todas as vezes que tratamos do tema LIBERDADE, um dos componentes do tripé da Maçonaria, ressaltamos dever ser ela condicionada à RESPONSABILIDADE, que, por sua vez, não pode existir sem a primeira, numa verdadeira dialética da autonomia.

De fato, convém que entendamos o que seja responsabilidade, não no sentido jurídico, mas no que diz respeito à **responsabilidade existencial**.

Vejamos, de início, a etimologia da palavra existência. O termo provém do latim **existere**, formado pela preposição **ex** (fora de) e pelo radical **sistere** (pôr, colocar). Correspondem estes aos vocábulos gregos **ek** e **stasis**, os quais, através do latim, **ecstasis**, deram origem à palavra "êxtase", que expressa o fato de sair-se de si mesmo.

Nossa existência, pois, desse ponto de vista, não pode considerar-se como algo estável ou imanente, mas um contínuo "sair-se de si mesma", um "vir-a-ser", um transcender, um salientar-se de algo, significando uma forma, um modo de relacionar-se com o mundo.

"O homem é aquilo que aspira mais além de si" (Jaspers), com o que se enfatiza o ser humano como emergente, em evolução.

A importância desse conceito reside no fato de devermos ver o existir humano como contínua criação. Não como um **ser** (palavra que sugere algo de estático), mas como um **sendo**, um **pode ser**, um vir-a-ser.

A vida nos é dada, mas não nos é dada feita. Recebemo-la vazia e temos que preenchê-la, com nosso próprio esforço, esforço esse que não podemos delegar a quem quer que seja.

Realmente, o homem é um contínuo criar-se, um contínuo fazer-se, como **possibilidade aberta.** "Não foi feito, mas é o que se faz". Daí a famosa frase de Sartre: "O homem é o ser que não é o que é e que é o que não é", expressando o contínuo evoluir, o contínuo transcender, que faz com que ele, em qualquer momento, seja algo que está deixando de ser e que não terminou, portanto, de ser o que é. Somos nossa escolha.

Se o homem está, continuamente, em processo de fazer a si mesmo, elege, constantemente, seu caminho e se autodetermina, pelo menos em condições de normalidade psíquica.

"Somos nossa escolha", dentro dos limites de nosso mundo dado. E, se não podemos mudar esses limites, podemos escolher COMO dirigir nossa vida dentro deles. Tal é nossa liberdade.

É comum ouvirmos pessoas não plenamente cônscias de sua responsabilidade existencial. *"Eu não pedi para nascer. Vocês agora é que resolvam meus problemas, façam alguma coisa por mim ou me aguentem."*

Sem embargo de certas doutrinas espiritualistas, cujo mérito, no momento, não nos cabe discutir, consideremos que, de fato, ninguém pediu para nascer. Consideremos, simplesmente, que o homem seja "lançado" no mundo, de maneira passiva, com sua carga genética, sua constituição, seu temperamento, num dado momento histórico, numa dada cultura. A partir daí, ele vai tomando conhecimento desse mundo, que ele mesmo não criou e ao qual acha-se submetido totalmente, pelo menos no início de sua vida no plano terrestre.

Cabe ao homem, porém, assumir sua condição de existente, tomando a iniciativa de descobrir o sentido de sua vida e orientar suas ações, dentro de ampla faixa de escolhas existenciais, nas direções mais diversas, **sendo responsável por tudo aquilo que**

escolhe ou faz. Não importa o que as circunstâncias fazem do homem, mas o que ele FAZ do que fizeram dele.

Por isso, diz Sartre: "O homem é condenado a ser livre", ou seja, deve ele, a cada momento, usar de sua liberdade e escolher o que fará de si.

O Homem e o Mundo

Sustentamos que o homem, em condições normais, é plenamente responsável por aquilo que faz, numa relação única e intransferível com seu mundo. Por isso, é o homem, filosoficamente, chamado de **ser-no-mundo.**

De que se trata esse mundo?

Não se trata apenas do ambiente em que o homem vive, nem de suas relações com as coisas ou com os demais.

Na verdade, o homem e o mundo são um só. À medida que, vivendo ao mesmo tempo e inseparavelmente em um ambiente, com os demais, o homem vai criando um mundo próprio ao eleger, a cada momento, o que tem sentido para seu **projeto de ser**, desenvolvendo uma concepção de mundo e de si mesmo.

Em outras palavras, o homem tem que construir seu mundo a cada momento, dentro de suas circunstâncias, que são parte integrante de todos nós, na medida em que não somos uma peça isolada, suficiente e completa. *"O homem é ele e suas circunstâncias"* (Ortega y Gasset).

Se o homem concebe seu mundo, elege, com esse mundo a ele integrado, tudo o que tem significado para sua vida, de acordo com seu projeto de vida. Há em tudo uma **intencionalidade**, pois, como vimos, não concebemos o mundo como um dado bruto, desprovido de significados. "O mundo que concebo é o mundo para mim." Criamos, portanto, nossa realidade. Vemos as coisas de acordo com nosso "plano de mundo", com nossa "aspiração".

Em síntese, o homem, enquanto existente, não pode ser compreendido a não ser em relação com seu mundo, relação essa na qual ele cria seu mundo e, ao mesmo tempo, é criado por ele. Não existe uma dicotomia homem/mundo, sujeito/objeto.

A ideia de ser-no-mundo, portanto, deixa claro que o homem constrói sua vida, determinando o sentido histórico-significativo de sua existência.

O Sentido de Vida e a Maçonaria

Viktor Frankl, famoso psicoterapeuta austríaco, criador da Logoterapia, sobrevivente dos campos de concentração nazistas, convivendo com seus companheiros de infortúnio, observou que apenas sobreviviam as pessoas que encontraram um sentido de vida, ingrediente indispensável não só para resistir e superar as grandes crises, mas também para incentivar a vontade de viver.

Quem elege como escolha existencial o aperfeiçoamento do caráter e a busca da elevação cultural, moral e espiritual do ser humano, muito se beneficiará com os ensinamentos hauridos na Ordem Maçônica. Para tanto, a Instituição exige de nós que sejamos homens retos na concepção de nossos valores, qual o fio de prumo, que se situa na perfeita perpendicular. Compara-nos a blocos de pedra, cujas arestas devem ser removidas, cujos lados devem ser polidos e cujos ângulos devem ser tornados perfeitamente retos, para que se assentem, com perfeição, na monumental construção do Templo Social.

A escolha desse sentido de vida depende de nossa inteira liberdade, dentro da concepção que tivermos de nossa existência e do que quisermos fazer dela, quer dizer, de nós e de nossas circunstâncias.

Tudo dependerá de nós! A Ordem não poderá nos dar mais daquilo que optarmos buscar...

O AUTOR

CAPÍTULO I

GENERALIDADES

Antes de podermos criar qualquer ambiente, seja inferior, seja superior, é necessário agir de qualquer maneira; porém, antes de qualquer ato, devemos pensar de qualquer forma, sejam nossos pensamentos conscientes, e como o pensamento é produto de nossa mente, podemos afirmar que esta é o centro criador de que provêm todas as nossas atividades.

Não podemos esperar que quaisquer das leis íntimas que governam o atual mundo de negócios possam ser vencidas por algumas forças do mesmo plano, porém é coisa axiomática que uma lei superior pode vencer outra que lhe seja inferior. A vida da planta faz com que a seiva suba através dela, não pelo combate contra a lei da gravidade, mas por uma lei que a vence.

Para governar nossas circunstâncias, precisamos conhecer certos princípios científicos de ação mental. Não há coisa mais valiosa do que tal conhecimento. Pode ser adquirido gradativamente e posto em prática imediatamente. O poder de modificar as circunstâncias é um de seus frutos; **a saúde, a harmonia e a prosperidade** são resultados de sua aplicação prática. Ele nos custa apenas o trabalho de aplicar os princípios adquiridos.

O naturalista que emprega grande parte de seu tempo na observação dos fenômenos visíveis, aumenta constantemente a capacidade da parte cerebral que emprega em sua observação. Resulta daí que adquire muito mais capacidade de conhecer aquilo que vê e de perceber uma grande quantidade de detalhes à primeira vista, do que aquele que não está habituado a tal observação. Determina deliberadamente aumentar seu poder mental de observação, exercitando assim voluntariamente esta faculdade especial, muitas e muitas vezes, com atenção e concentração crescentes. Temos, pois, como resultado, um homem com capacidade de observação muito superior a de seus companheiros. Podemos, pelo contrário, ficando em completa inatividade, deixar a delicada matéria cerebral endurecer-se e ossificar-se até tornar-se estéril e improdutiva.

Todo pensamento tende a fazer-se material. Nossos desejos são pensamentos, sementes que têm tendência de brotar, crescer, florescer e frutificar. Estamos lançando diariamente ao solo essa semente. Qual será a colheita? Todos nós somos hoje resultado de nossos pensamentos passados. Mais tarde seremos o resultado daquilo que pensamos agora. Criamos o nosso próprio caráter, nossa personalidade e o nosso ambiente, pelo pensamento que produzimos e emitimos.

O pensamento procura o que lhe pertence. A Lei da atração mental acha-se em paralelo exato com a afinidade atômica. As correntes mentais são tão reais como as correntes elétricas, magnéticas e calóricas. Atraímos as correntes com as quais estamos em harmonia – estaremos escolhendo as que nos levarão ao êxito? Esta é uma pergunta de suma importância.

A ação constante do pensamento forma linhas de menor resistência. A atividade do cérebro reage sobre a faculdade mental especialmente empregada. O poder latente da mente é desenvolvido por um exercício constante. Cada forma de sua atividade se torna mais perfeita pela prática. Os exercícios para desenvolvimento da mente apresentam numerosos motivos para serem considerados. Eles se referem ao desenvolvimento das faculdades perceptivas, à cultura das emoções, ao ativamento da imaginação, desenvolvimento simétrico da intuição, a qual, sem poder dar razão, nos impele frequentemente, e finalmente nosso poder mental pode ser cultivado pelo desenvolvimento do caráter moral.

"O homem superior, diz Sêneca, é aquele que escolhe a justiça com uma determinação invencível." O maior poder mental depende, pois, de seu exercício em aplicações coadunadas com a moral e exigem, portanto, que todo esforço mental tenha um objeto moral. O desenvolvimento da consciência moral modifica a consideração dos motivos e aumenta a força e a continuidade dos atos; por conseguinte, um caráter desenvolvido de um modo harmonioso deve possuir saúde física, mental e moral que, combinadas, produzem a iniciativa, a energia e o êxito.

Haverás de notar que a Natureza está constantemente procurando expressar Harmonia em todas as coisas, está procurando sempre produzir uma adaptação harmoniosa de toda desarmonia, toda discordância, toda dificuldade, portanto, quando o pensamento é harmonioso, a natureza começa a criar as condições materiais cuja posse é necessária para produzir um ambiente harmonioso.

Quando compreendemos que a mente é a grande faculdade criadora, que não se torna possível? Sabendo que o Desejo é a grande energia criadora, não nos torna claro que o Desejo deve ser cultivado, governado e dirigido em nossas vidas e destinos? Os seres humanos de forte mentalidade, que governam seu ambiente, emitem correntes de forças, que entrando em contato com as mentes dos outros, fazem com que os desejos destes se coloquem em harmonia com os daqueles. Os grandes condutores de homens possuem este poder em alto grau. A influência deles se estende até muito longe, e fazem seus desejos se realizarem e que os outros "sintam a necessidade" de agir de acordo com eles. Desta forma, os homens de Desejos e Imaginação fortes podem exercer uma notável influência sobre as mentes dos outros, levando-os para o caminho desejado. As pessoas magnéticas atraem. Pela força atrativa de que dispõem, prendem a vontade dos outros.

Nenhum homem é criado sem o poder inerente de progredir e ajudar a si mesmo. A personalidade que compreende seu poder intelectual e moral de triunfar não pode deixar de afirmá-lo. É esta verdade que o mundo faminto de hoje almeja. Para todos existe a possibilidade de relevar uma coragem intelectual que claramente discerne e a coragem moral que empreende grandes coisas. Há uma potencialidade divina em todo ser humano.

Dizemos que o sol "nasce" e se "põe", embora saibamos que este é apenas um movimento aparente. Aos nossos sentidos, a terra está parada, e, no entanto, sabemos que ela gira rapidamente. Dizemos que uma campainha é um "corpo ressonante", entretanto sabemos que tudo o que a campainha faz é produzir vibrações no ar. Quando estas vibrações chegam ao grau 16 ciclos por segundo, fazem ouvirmos um som em nossa mente. A mente pode ouvir vibrações até o grau de 38.000 ciclos por segundo. Quando o número delas excede a este, nada ouvimos; sabemos, pois, que o som não está na campainha, porém na nossa mente.

Dizemos que o sol nos "dá luz", entretanto sabemos que ele apenas emite energia, a qual produz vibrações no éter com a rapidez de quatrocentos trilhões por segundo, de que resultam as ondas luminosas, de modo que aquilo que denominamos luz é apenas um modo de movimento, e que a única luz existente é a sensação produzida na mente pelo movimento dessas ondas. Quando o número de vibrações cresce, a luz muda de cor, cada mudança está sendo produzida por vibrações mais curtas e mais rápidas, de modo que, ao dizermos que a rosa é vermelha, a relva é verde, as nuvens azuis, sabemos que essas cores só existem em nossas mentes e é a sensação que experimentamos em consequência das vibrações luminosas. Quando as vibrações descem abaixo de quatrocentos trilhões por segundo, não nos afetam mais como luz, mas produzem a sensação de calor.

Compreendemos pois que as coisas aparentes só existem para

nós, em nossa consciência. Até o tempo e o espaço desaparecem, pois o tempo é apenas a percepção de sucessão, o passado e o futuro, só existindo em relação ao presente. Vemos, pois, em última análise que um só princípio governa e dirige tudo o que existe. Todo átomo é conservado eternamente; tudo que desaparece de um lugar deve inevitavelmente estar em outro. Não pode perecer e existe para algum fim útil. Só pode ir para onde é atraído e, portanto, só para onde é necessário. Só podemos receber aquilo que damos e só podemos dar aos que podem receber. Pertencemos à escolha do grau de nosso progresso e da harmonia que havemos de manifestar.

As leis sob as quais vivemos se destinam apenas para nosso proveito. Elas são imutáveis e não podemos fugir da ação das mesmas. Todas as grandes forças eternas agem em solene silêncio, porém podemos colocar-nos em harmonia com elas e assim Viver numa paz e felicidade relativas.

As dificuldades desarmoniosas e obstáculos indicam que não queremos abandonar aquilo de que não precisamos mais ou recusamos aceitar aquilo de que precisamos. O desenvolvimento se obtém pela troca do velho pelo novo, do bom pelo melhor; é um ato condicional, ou recíproco, pois somos uma completa entidade de pensamento e esta qualidade de ser completo só nos permite receber à proporção que damos. Não podemos obter aquilo de que precisamos, se nos apegarmos tenazmente ao que temos.

O princípio de atração age para dar-nos apenas aquilo que possa nos ser útil. Somos capazes de governar conscientemente nossas condições à proporção que adquirimos uma percepção do fim a que se destina aquilo que atraímos e somos capazes de tirar de cada experiência apenas aquilo que necessitamos para nosso maior desenvolvimento. Nossa capacidade para realizar isto determina o grau de harmonia ou felicidade que alcançamos.

A capacidade de nos apropriar daquilo que é necessário para nosso desenvolvimento, aumenta continuamente à proporção que atingimos planos superiores e alargamos o âmbito de nossas visões, e quanto maior for nossa capacidade de conhecer o que precisamos, com mais certeza discernimos a presença dele e melhor podemos atraí-lo e absorvê-lo. Nada que não seja necessário para nosso desenvolvimento nos vem. Todas as condições e experiências que nos sucedem são para nosso proveito e benefício. As dificuldades e os obstáculos continuarão a nos apresentar até absorvermos a sabedoria que nos ensinam e colhermos deles as coisas indispensáveis para nosso êxito. É matematicamente certo que colhemos aquilo que semeamos. Adquirimos a energia permanente até o ponto necessário para vencer nossa dificuldade.

As exigências inexoráveis do desenvolvimento nos forçam a exercer o máximo grau de atração para aquilo que está perfeitamente de acordo conosco. Nossa maior felicidade será melhor alcançada pelo desenvolvimento de nossa compreensão e cooperação consciente com as leis naturais.

Nossas forças mentais são muitas vezes presas por sugestões paralisadoras que nos vêm das ideias grosseiras da massa humana, as quais são aceitas e aplicadas sem exame. As impressões de medo, tristeza, incapacidade e inferioridade nos chegam diariamente. Isto é motivo suficiente para que os homens consigam pouca coisa – é razão bastante para compreender-se o motivo de que as vidas das multidões são tão estéreis, apesar de terem inúmeras possibilidades internas, que necessitam apenas de um incentivo real para expressar-se em grandeza.

As mulheres, talvez mais do que os homens, estiveram sujeitas a essas condições. Isso acontece porque, devido à maior sensibilidade que possuem, são mais receptivas às vibrações das outras mentes e também porque se acham mais imersas nas correntes de pensamentos negativos e repressivos.

Entretanto, elas estão triunfando dessa corrente. A Presidente da Cruz Vermelha Norte-Americana venceu-a, quando assumiu as responsabilidades de trabalhar junto ao exército norte-americano. Jenny Lind a venceu, quando mostrou sua capacidade em obter enormes recompensas financeiras, satisfazendo ao mesmo tempo seu amor pela música, em que também se salientou. Há numerosos exemplos de cantoras, filantropistas, escritoras e atrizes, que se mostraram capazes de alcançar a mais alta posição literária, dramática, artística ou social, pela sua elevação acima das correntes mentais comuns.

As mulheres já começaram a pensar por si mesmas, como sucedeu com homens há alguns séculos. Despertaram à compressão de algumas de suas possibilidades. Desejam conhecer os segredos da vida. Em nenhuma época passada, a influência e poder do pensamento recebeu investigação tão cuidadosa e discriminada. Embora alguns videntes tivessem compreendido o grande fato de que a mente é uma substância universal, a base de tudo, nunca esta verdade vital penetrou na consciência geral. Muitas mentes procuram dar expressão completa a esta verdade. A ciência moderna nos ensinou que a luz e o som são apenas intensidades diversas do movimento e isto nos levará a descobertas de forças íntimas do homem, que não podiam ser percebidas antes de se revelarem.

Entramos em um novo século, e agora, à luz do presente, o homem vê algo da vastidão do sentido da vida, algo de sua grandeza. Dentro da vida existe o gérmen de potencialidades infinitas. Adquirimos a convicção de que as possibilidades humanas de desenvolvimento não podem ser medidas, pois não podemos calcular os limites de sua marcha para frente. Ao chegar a certa altura, vê que pode receber novas forças de energia infinita de que é uma parte.

Certos homens parecem atrair o êxito, o poder, a fortuna e o triunfo, com pouco esforço consciente; outros vencem com grande dificuldade; outros ainda são inteiramente incapazes de realizar suas ambições, desejos e ideais. Por que isto acontece? Por que uns realizam suas ambições com facilidade, outros com dificuldades e outros enfim não conseguem realizá-las? A causa não pode ser física, pois nesse caso o homem fisicamente mais perfeito seria mais feliz. A diferença deve, pois, ser mental, deve achar-se nas mentes; a mente deve, pois, ser a força criadora e constituir a diferença real entre os homens. É a mente que vence o meio e outros obstáculos do caminho.

É a expressão real da qualidade interior por meio do pensamento criador que nos deu grandes chefes como Alexandre, Napoleão, Cromwell, José Bonifácio, Osório; imperadores da indústria como Rockfeller, Gerdau; inventores como Stevenson, Morse, Marconi, Edison, Santos Dumont e tantos outros. Se, pois, a diferença real que há entre os homens está na capacidade de pensar, de empregar e governar o pensamento, de desenvolvê-lo, se o segredo de todo êxito, de todo poder, de todo progresso está no poder criador da mente, força do pensamento, então a capacidade de pensar corretamente deve ser o objeto principal de todo homem.

Quando o poder criador do pensamento é perfeitamente compreendido, não é possível duvidar de seus maravilhosos efeitos. Esses resultados, porém, não podem ser obtidos, sem uma aplicação, diligência e concentração consciente. O estudante notará que as leis que regem os mundos mental e espiritual são tão fixas como as do mundo material. Por conseguinte, para obter os resultados desejados, é necessário conhecer a lei e viver de acordo com ela. Vivendo-se de acordo com a lei, o resultado desejado será invariavelmente produzido. O estudante que adquire o conhecimento de que o poder vem de dentro e que sua fraqueza resulta apenas de tê-lo esperado de fora, apoiando-se sem hesitar em suas próprias ideias, logo se endireita, fica de pé, toma a atitude triunfante e faz milagres.

Os cientistas dizem que vivemos no éter universal. Este não tem forma, porém se adapta facilmente e toma forma em nós e em derredor de nós, de acordo com os nossos pensamentos e palavras. Coloquemos em atividade por meio da vibração de nosso pensamento. Portanto, aquilo que se apresenta objetivamente é objeto por nós pensado.

O pensamento é governado por uma lei. A razão por que não manifestamos maior confiança, está na nossa falta de compreensão. Não compreendemos ainda que tudo age de acordo com uma lei definida. A lei do pensamento é tão definida como as leis da matemática, da química, da eletricidade ou da gravidade. Começamos a compreender que a felicidade, a saúde, o êxito, a prosperidade e todas as outras condições são resultados, e que estes são produzidos pelo pensar reto, consciente ou inconscientemente e quando isto se tornar claro para nós, estaremos a par da importância que há no conhecimento das leis do pensamento.

Aqueles que conseguiram a realização consciente do poder do pensamento se acham na posse do que a vida pode fornecer de melhor; as causas substanciais de ordem superior vêm para eles, e essas realidades sublimes são constituídas de tal forma que podem tornar-se partes tangíveis da vida diária de cada um. Dão realidade a um mundo de poder superior e conservam este poder em atividade constante. Este poder é inesgotável, ilimitado e os leva de vitória em vitória. Obstáculos, aparentemente invencíveis, são ultrapassados. Inimigos são transformados em amigos, más condições são mudadas, os elementos são dominados, o destino é vencido.

O suprimento de bens é inesgotável, e podemos pedir qualquer coisa que desejamos. Esta é a lei mental de pedido e suprimento.

Nossas circunstâncias e ambientes são formados pelos nossos pensamentos. Talvez criamos inconscientemente nossas condições. Se elas não são satisfatórias, o remédio está em alterar conscientemente nossa atitude mental, pois as circunstâncias se adaptarão a nosso novo estado mental. Nada há de estranho ou sobrenatural nisso; é simplesmente uma lei da existência. Os pensamentos que se originam em nossa mente devem produzir, sem dúvida, frutos de sua espécie. O mais hábil idealizador não pode colher "flores de espinhos, nem frutos de plantas daninhas". Para melhorar nossas condições devemos, antes de tudo, melhorar a nós mesmos. Nossos pensamentos e desejos serão os primeiros a manifestar nosso aperfeiçoamento.

Ignorar as leis que governam o mundo mental é ser como uma criança a brincar com fogo ou lidar com perigosos produtos químicos, sem conhecer a natureza deles. Isto é uma verdade universal, pois a Mente é a grande produtora de todas as condições que se apresentam nas vidas dos homens e mulheres.

Admitindo que estamos de acordo com tudo o que se expressou aqui, e creio que ninguém porá em dúvida as afirmações acima, falta-nos pôr em prática a lei para poderem colher os resultados.

A fim de aproveitarmos esta lei e nos colocarmos em relação harmoniosa com ela, de modo que seus resultados se manifestem em nossas vidas, é necessário sabermos que cumprimos todas as condições necessárias para agirmos convenientemente. Podemos conhecer as leis que governam a eletricidade, podemos ter todos os maquinismos necessários, as lâmpadas, glóbulos, fios, botões, podemos saber como havemos de produzir a energia, porém, se as ligações não forem feitas de modo conveniente, por mais que apertemos o botão, não haverá luz; o mesmo se dá com a lei de atração – está sempre em ação, por toda a parte, criando constantemente algo, produzindo sempre, porém para nos aproveitar dela, é necessário nos colocarmos de acordo com a mesma como acontece com a eletricidade ou gravidade.

A mente é criadora e opera por meio da lei de atração. Não devemos procurar influenciar alguém para fazer aquilo que julgamos deva fazer. Todo indivíduo tem direito de escolher por si mesmo o que deseja fazer; além disso, atuando sobre os outros, estaríamos agindo numa corrente de forças de natureza destrutiva e contrária à lei de atração. Uma pequena reflexão vos convencerá de que todas as grandes leis da natureza agem em silêncio e que o princípio que as dirige é a lei de atração.

São apenas os processos destrutivos que empregam a força e de tal modo de agir nada resulta que seja realmente bom.

Para triunfar, a atenção deve ser invariavelmente dirigida para o plano criador; ela nunca deve destinar-se a fazer concorrência. Não precisa tirar algo de outros, é preciso criar para nós o que desejamos e não recear que os outros tenham o que desejam.

Devemos saber que não é necessário tirar de um para dar a outro, pois o suprimento é abundante. O armazém das riquezas naturais é inesgotável, e quando parece haver falta de outro suprimento é porque os canais de distribuição são imperfeitos.

A abundância é uma lei natural do universo. A prova desta lei é completa; vemos de todo lado. Por toda a parte a natureza desperdiça, gasta, mostra-se exuberante. Em parte alguma a economia é observada na criação. Em tudo se manifesta grande abundância. Os milhões de plantas, flores e animais, os processos de reprodução dos reinos da natureza, denotam a abundância de provisões que a natureza nos apresenta. É evidente que existe a abundância para todos, mas também é certo que muitos estão afastados dela; porém isso resulta do fato de não terem chegado à compreensão da Universalidade da substância e de que a mente é o princípio ativo que põe em movimento as causas que nos colocam em relação com as coisas desejadas.

Portanto, é evidente, que, aquele que deixa de investigar inteiramente os admiráveis progressos que estão sendo feitos no maior de todos os conhecimentos e de aproveitar-se deles, há de ficar logo tão atrasado, como o homem que recusa conhecer as leis da eletricidade e aproveitar os benefícios que ela trouxe ao gênero humano.

A Mente, sem dúvida, cria as condições negativas com a mesma facilidade com que cria as condições favoráveis, e assim o fazemos, quando visualizamos consciente ou inconscientemente toda espécie de necessidade, limitação e discórdia. Muitos o têm feito de um modo inconsciente.

Esta lei, como todas as outras leis, não respeita pessoas, mas está sempre em atividade e atrai para o indivíduo exatamente aquilo que ele criou; por outras palavras, ela prova que: "*Aquilo que o homem semeia, vem a colher*".

A abundância depende, pois, do reconhecimento das leis da Abundância, e do fato de que a Mente é o único criador das coisas materiais. Certamente nada pode ser criado, sem sabermos que pode ser e sem fazermos os esforços convenientes. Não há mais eletricidade no mundo atual do que havia cinquenta anos antes, porém, enquanto a lei pela qual ela podia ser aproveitada não foi reconhecida, nenhum resultado foi tirado; agora que conhecemos a lei, quase todo o mundo é iluminado por ela. O mesmo acontece com a lei de Abundância; é só aqueles que reconhecem a lei e se colocam em harmonia com ela é que aproveitam da mesma.

O reconhecimento da lei da abundância desenvolve certas qualidades mentais e morais, principalmente **a Coragem, a Lealdade, o Tato, a Sagacidade, a Individualidade e a Construtividade**. Todas elas são formas de pensamento e como o pensamento é criador, manifesta-se nas condições objetivas correspondentes a esse estado mental. Esta é uma verdade necessária, pois a capacidade que o indivíduo tem de pensar é a mesma que tem de agir sobre a mente Universal e pô-la em manifestação é o processo por meio do qual o indivíduo se torna um canal para a diferenciação do Universal. Todo pensamento é uma causa e todas as condições são efeitos dela.

Este princípio fornece ao indivíduo possibilidades aparentemente transcendentais, entre as quais está o comando das condições por meio da criação e do reconhecimento de oportunidades. Esta criação de oportunidades implica a existência ou criação das qualidades ou talentos que são forças mentais e produzem a consciência de um poder que os fatos futuros não podem perturbar. É esta organização do êxito e da vitória na nossa própria mentalidade, é esta consciência do poder interno que constitui a ação harmoniosa por meio da qual somos relacionados com os objetos e propósitos que procuramos. Esta é a lei de atração em atividade; esta lei sendo propriedade comum de todos, pode ser aplicada por qualquer que tenha um conhecimento suficiente de sua operação.

A Coragem é o poder mental que se manifesta no amor, é luta mental; é um sentimento nobre e elevado, apto para mandar e para obedecer. Muitas vezes tem tendência para ocultar-se. Há pessoas que parecem existir apenas para agradar os outros, porém, quando chega o momento de revelar a vontade latente, vemos que, debaixo da luva de veludo está a mão de ferro. A verdadeira coragem é calma, concentrada, nunca precipitada, questionadora e violenta.

A Acumulação é a capacidade de conservar e guardar parte do suprimento que recebemos constantemente, a fim de nos colocar em condições de aproveitar de maiores oportunidades, que se apresentarão logo que estejamos preparados para elas. Não foi dito: "Para aquele que tem lhe será dado?" Todos os grandes homens de negócios têm esta qualidade bem desenvolvida. James J. Hill, que deixou cinquenta e dois milhões de dólares, disse:

> *Se quiseres saber se estás destinado a triunfar na vida ou não, facilmente podereis sabê-lo. A experiência é simples: Sois capaz de economizar dinheiro? Se não sois, não arrisqueis. Perdereis. Julgareis que não, porém perdereis com toda certeza como viveis. A semente do êxito não está em vós.*

Isto está muito certo, porém quem conhece a biografia de James J. Hill, sabe que ele adquiriu sua fortuna seguindo o método por nós explicado. Em primeiro lugar, começou sem nada; teve de empregar sua imaginação para idealizar a extensa estrada de ferro que projetou através das planícies ocidentais dos Estados Unidos.

Teve depois de chegar ao reconhecimento da lei da abundância para obter os meios de materializá-la; se não tivesse seguido esse programa nada teria possuído para economizar. Hoje temos no Brasil dois grandes grupos, que poderiam ser exemplos para nós, nesta lei da Abundância: Grupo Gerdau e Grupo Votorantim.

A qualidade acumulativa adquire energia: quanto mais acumulares, mais desejarás acumular, de modo que, em pouco tempo, a ação e a reação adquirem um impulso que não pode cessar. Entretanto, ela não deve ser confundida com o egoísmo, a miséria e a penúria; estas são perversões, que impossibilitam o verdadeiro progresso.

A Construtividade é o instinto criador da mente. Vê-se facilmente que todo homem de negócios, para prosperar, deve saber planejar, desenvolver ou construir. No mundo comercial, isto é denominado iniciativa. Não basta seguir o caminho comumente trilhado. Deve-se desenvolver novas ideias, novos modos de fazer as coisas. Elas se manifestam na construção, desenho, plano, invenção, descoberta e aperfeiçoamento. É uma qualidade de grande valor e deve ser constantemente ativada e desenvolvida. Todos a possuem até certo grau, porque todos são centros de consciência da Infinita e Eterna Energia de que tudo provém.

A água se manifesta em três planos, a saber, como gelo, água e vapor; a composição é a mesma, e a única diferença está na temperatura; entretanto, ninguém pensa em mover a locomotiva com gelo; mudando-o em vapor, ele facilmente impulsiona a máquina. O mesmo acontece com a nossa energia; se quiser fazê-la agir no plano criador, terá de começar pela fusão do gelo no fogo da imaginação; veremos assim que, quanto mais forte for o fogo e maior a quantidade de gelo que fundirmos, mais fácil será materializarmos nossos desejos.

A Sagacidade é a capacidade de perceber a Lei da natureza e cooperar com ela. A verdadeira Sagacidade evita a trapaça e a falsidade como evitaria a AIDS; ela é resultado da precisão íntima que nos permite penetrar no coração das coisas e compreender o modo de pôr em movimento as causas que inevitavelmente criarão condições felizes.

O Tato é um fator muito sutil e, ao mesmo tempo, muito importante do êxito comercial. É muito semelhante à intuição. Para possuir tato, é preciso ter um sentimento muito delicado, conhecer instintivamente o que se deve dizer ou fazer. A fim de possuir tato é necessário ter simpatia e compreensão, compreensão que é rara, pois quase todos vemos, ouvimos e sentimos, porém poucos "compreendem". O Tato nos permite prever o que vai acontecer e calcular o resultado de nossos atos. O Tato nos permite perceber quando estamos na presença da pureza física, mental ou moral, que são indispensáveis para o êxito real.

A Lealdade é um dos laços mais fortes entre os homens de energia e caráter. É um laço que não pode romper-se impunemente. O homem que, se for necessário, se mantiver leal até a morte à confiança ou amizade nele depositada, se achará ligado a uma corrente de poder cósmico que só lhe atrairá condições desejadas. É inconcebível que tal indivíduo possa vir a sofrer qualquer necessidade.

A Individualidade é a capacidade de desenvolver nossas próprias possibilidades latentes, de governar a nós mesmos, de tomar interesse real pela vida própria. Os homens fortes não se preocupam com a multidão de imitadores que seguem a trilha. Não se satisfazem com a simples direção de um grande número, nem com os aplausos da população. Isto só é agradável às naturezas mesquinhas e inferiores. A individualidade se alegra mais no desenvolvimento do poder íntimo do que com o servilismo dos fracos.

A Individualidade é um poder real inerente a todos, cujo desenvolvimento e expressão permite ao indivíduo tomar a responsabilidade de dirigir seus passos, sem obedecer a imposição de outros.

A Verdade é uma condição imperativa para todos os seres. Ter certeza, conhecer a verdade e apoiar-se confiantemente nela é uma satisfação incomparável. A Verdade é a realidade íntima, a condição essencial para o progresso de todo negócio ou relação social. A Verdade é o único terreno sólido no mundo de lutas e perigos.

Todo o ato que não esteja em harmonia com a Verdade, que seja praticado por ignorância, quer voluntariamente, afasta nossos pés do terreno sólido, leva-nos à discórdia, prejuízo e confusão, pois a mais humilde mentalidade pode prever o resultado de um agir reto, ao passo que as mentalidades mais profundas e inteligentes são incapazes de formar a ideia das consequências que podem resultar do desvio de princípios corretos.

Aqueles que estabelecem em si mesmos os elementos necessários ao êxito real, desenvolvem a confiança e a capacidade de vencer, sendo-lhes apenas necessário, de tempos em tempos, dar passos que os conduzam à força despertada do pensamento, na qual está o segredo mágico de todo poder.

Menos de 10% de nossos processos mentais são conscientes, os outros 90% são subconscientes e superconscientes, de modo que aquele que depende apenas do seu pensamento consciente não tem mais do que 10% de eficiência. Aqueles que realizam coisas de valor estão em condições de aproveitar deste grande armazém de bens mentais. É no vasto campo da mente subconsciente que grandes verdades se acham encobertas, e é ali que o pensamento encontra seus poderes criadores, seu poder de relacionar-nos com os objetos ou de trazer-nos as coisas visíveis.

Aqueles que estão familiarizados com as leis da Eletricidade compreendem o princípio de que a eletricidade deve sempre passar de uma potência superior para uma inferior e, portanto, podem fazer qualquer aplicação que desejarem do poder. Aqueles que não estão familiarizados com elas nada podem fazer; o mesmo acontece com a lei que governa o Mundo Mental, aqueles que compreendem que a Mente penetra todas as coisas, é o Onipresente e atende a todos os pedidos, podem empregar a lei e governar as condições, circunstâncias e meio; o ignorante não pode empregá-la, pois não a conhece.

O fruto deste saber é, por assim dizer, um dom de DEUS, o GRANDE ARQUITETO DO UNIVERSO; é a "verdade" que liberta os homens, não só de qualquer necessidade ou limitação, mas também da tristeza, aborrecimento, cuidados. Não é admirável verificar que a lei não respeita pessoa, e que prepara o caminho para a realização de nosso pensamento seja ele qual for?

Com a compreensão de que este poder mental governa e dirige todos os outros poderes que existem, que pode ser cultivado e desenvolvido, que não é possível limitar sua atividade, se tornará aparente que é o maior fato do mundo, o remédio de todos os males, a solução de todas as dificuldades, a satisfação de todo desejo, enfim a magnífica provisão feita pelo Criador, o SUPREMO ARQUITETO DO UNIVERSO, para a libertação do homem.

Destruindo em nós as correntes mentais do mal, do ódio, das dificuldades, concorremos para o desaparecimento das mesmas, da atmosfera terrestre, e assim para a **aproximação fraternal dos povos.**

Aqueles que desejam constituir os primeiros elos da *Fraternidade*, devem tomar por plano de vida jamais ceder ao mal, não pensar nele, nem desejá-lo a quem quer que seja, pois só assim poderão tornar-se centros reais de expressão do **Bem**.

Terminaremos estas considerações gerais com a reprodução de dois fatos importantes, podem ser verdadeiros ou não, mas foram histórias contadas para mim, por um ancião, muito espiritualista, com uma carga de religiosidade e espiritualidade de causar inveja a muito ser humano sobre a face da terra, referentes à *força de vontade*.

O Valor Material da Força de Vontade

Fortalecei-nos com incessantes afirmações. Não grites contra o mal, porém cantai as belezas do bem.
Emersom

De todas as videiras da vida tiro bom vinho.
Henri Harrison Brow

Que acontece com o mundo? Por que tanto grito contra o mal e esquecimento proposital do bem? Eu posso dizer: é o hábito e nada mais. Adquirimos tão profundos hábitos de procurar os defeitos, que nossa mente se encheu tanto das setas agudas do descontentamento, que impedem a boa sorte de se aproximar de nós, fazendo-a, pelo contrário, fugir de nós, a gritar:

Deixe-me ir, deixai-me ir. Não posso achar-me bem onde há tragédias. Necessito de luz e risos, alegria e felicidade. Dai-me essas coisas e eu virei residir convosco, tornando-me para vós uma grande boa sorte.

Dirão, porém:

Como haveremos de nos fazermos felizes e alegres, a fim de que a boa fortuna se aproxime e venha residir conosco?

É fácil. É fácil, é muito fácil, é a coisa mais fácil do mundo. Tenhamos apenas a vontade de ser alegre. Vamos nos apegar a essa vontade e veremos que algo se apresentará para dar-nos alegria. Esta é a nossa oportunidade. Vamos nos apegar firmemente ao desejo de ser alegre, e maiores alegrias virão, até que chegue o momento de notarmos que a BOA FORTUNA, COM TODA NOSSA FAMÍLIA ESTÁ A CAMINHO DE NOSSA CASA.

Tudo depende do que chamamos **"Força de Vontade"**. Suponhamos que estivesse na condição de uma mulher, uma senhora de cinquenta e dois anos de idade, que se achava doente, muito doente, pois sua doença era da alma. Era viúva, com dois filhos, que haviam sido abandonados pelo pai, e julgava que o destino durante muitos anos a estivera fazendo passar por duras provas. Foi jovem, bonita e rica. Casara-se por amor ou fantasia. Com certeza a fantasia foi a verdadeira causa e não o verdadeiro amor de esposa. Não sei, mas eu acho impossível que um verdadeiro amor de esposa possa ser perturbado. Um verdadeiro amor de esposa é quase noventa por cento de amor materno, e toda boa mãe nos dirá que nunca se aborrece realmente do filho. Uma mãe suportará tudo. Porém, julgava que tinha amado, o que era quase a mesma coisa, e que seu amor havia sido traído, de modo que ela agora estava só, doente de corpo e alma e na miséria. Condições ruins para qualquer um eram essas. Depois de algum tempo empregada na meditação, esta mulher refletiu que ainda tinha algo que ninguém podia tirar-lhe, e poderia ser coisa útil em refazer sua sorte. Sua força de vontade era muito grande. Tinha a vontade para impeli-la e sabia que onde há vontade sempre pode haver caminho e, por isso, pôs-se a trabalhar para achá-lo. Esta não conhecia serviço nenhum, mas precisava conhecê-lo logo de princípio. Por isso ela pôs-se a procurar algo que todas as mulheres mais ou menos sabem fazer.

Disse ela consigo: "Se nada mais sei, ao menos sou capaz de agradar as crianças. Gosto delas e me alegro ao vê-las brincar. Vou então aproveitar esta ideia".

Ela falou com uma pessoa que se ocupa em ajudar os outros a achar as vocações que lhe convêm e foi decidido que Marta, nome fictício que vou adotar, deveria visitar diversas famílias que possuíam crianças de dois a seis anos e não tinham governantas ou babás para cuidar delas. Marta combinou com elas para levar os pequenos todos dias a um jardim para brincar, deixando assim as mães livres para trabalharem em serviços domésticos ou em outros que lhe interessassem. Marta recebia por semana a pequena quantia de 25 reais cada meio dia pelo trabalho de cuidar da criança.

Conheço Marta e sei que ela tem um grupo regular de doze criancinhas que muito a amam e apreciam as histórias de fadas que ela lê para elas ouvirem quando estão cansadas de brincar. Uma das mães intitula sua escola "A Escola de Brinquedo" e goza de notável consideração. Doze vezes 25 reais são trezentos reais cada meio dia, por semana, e esta quantia é dobrada quando Marta recebe as crianças depois de meio dia, o que quase sempre faz. A saúde, o conforto e a independência financeira, o conhecimento de que seus dois filhos mais velhos são felizes na escola e logo se acharão em condições de cuidar de si mesmos, tudo isso foi muito útil para tornar a residência de Marta um lugar agradável para a boa sorte.

Outro caso é o de Davi, nome fictício que adotei. Tinha falta de um braço e estava com sessenta e quatro anos de idade, quando chegou o verão. Era também possuidor de uma grande força de vontade. Queria viver por si mesmo, possuía independência e confiança própria. Sem esta, ele não poderia conseguir nada, sem instrução, desconhecido e desprezado, enquanto não se determinou a pensar primeiramente por si e depois fazer os outros pensarem nele e desejá-lo como profissional. Caso sem resolução, falavam todos os que o conheciam, pois tinha só uma filha a quem dera uma educação que ele não recebera. Esta filha se casou e o marido não queria ter um sogro em casa, mas deixava-o tomar conta do pátio interno e do jardim da casa em que moravam, pois pelo tamanho, até uma horta Davi plantava e cuidava, porém as verduras compradas eram mais baratas do que as plantadas por ele. Que ele devia fazer?

"Vou procurar outro lugar para morar, e viver", respondeu ele. "Seguirei meu caminho e vou ser alguém."

"É muito fácil falar", disse o genro, que não queria que o velho Davi ficasse em sua casa. Realmente ele não ficava em sua grande residência, de aproximadamente 500 metros quadrados, com garagem para quatro automóveis. O velho Davi morava em um quarto com banheiro, tudo adaptado, ao lado da lavanderia da residência, nos fundos. "És um tolo, porque possui só a mão esquerda. Além disso, continuamente sofres de asma."

"Onde há vontade, há um caminho", respondeu Davi, sentindo-se muito humilhado, tanto pelo genro, assim como pela filha que admitia tudo que o marido fizesse com o pai. **"Posso e quero"** respondeu enfaticamente Davi. Partiu então para o interior, indo passar o resto da semana com um velho amigo de infância. Davi observou o amigo preparar um jardim. As ideias de paisagismo não o agradaram. Julgou que isso podia ser feito de outro modo, e, sem qualquer conhecimento da preparação de jardins, pôs-se a trabalhar com o material de que dispunha e formou um plano tão belo de paisagismo para o jardim, que o dono do terreno ficou satisfeitíssimo e pediu a Davi que ficasse e tomasse conta do serviço.

> *Não,* respondeu Davi. *Saí para fazer minha fortuna e julgo que achei o meio. Além disso, não posso pensar em tirar o lugar de meu velho amigo. Porém, se vossos amigos quiserem, eu formarei o projeto de paisagismo para os jardins deles e os próprios jardineiros poderão executá-lo.*

> *Está muito bem,* disse o proprietário. *Conheço dois homens que desejam fazer isso.*

Assim, a vida independente de Davi começou aos 64 anos de idade, planejando os belos jardins e canteiros de muitos palacetes e residências. Sua filha e o marido, depois desta grande vitória, voltaram a se orgulhar e se alegram muito de receber de vez em quando a visita de Davi. Onde há vontade, há caminho. Cultivem, então, uma boa força de vontade.

CAPÍTULO II

OS ELEMENTOS ESSENCIAIS

É inútil pregarmos a fraternidade dos povos, é inútil querermos chegar à fraternidade, sem ter, primeiramente, realizado a fraternidade em nosso ambiente, em nossa vida, em nosso próprio ser.

Somos constituídos de um grande número de elementos e células e antes de pregarmos a harmonia aos outros, devemos estabelecê-la em nós mesmos, em nosso ser espiritual e material.

Desenvolvido o amor fraterno em nosso coração, fácil será irradiá-lo e excedê-lo para todos, porém, ***antes disso*** é necessário e importantíssimo cultivarmos os meios que desenvolvem esse amor em nós.

Se seguirmos os meios convenientes, alcançaremos os resultados com relativa brevidade, com proveitos não só particulares, mas também gerais.

Nossa atitude para com a vida e suas vicissitudes se transformarão inteiramente. Em vez de nos lastimarmos das agruras da vida e do destino, em lugar de nos queixarmos das falsidades dos que nos rodeiam, só veremos as harmonias da vida no esforço das diferentes expressões. Tendo a vista muito pura para ver o mal nos desvios dos que nos rodeiam, colocamo-nos em um plano tão elevado que não podemos mais ser atingidos pelos atos daqueles que se desorientam.

Já devemos ter compreendido que o nosso processo de ação é diferente do exposto pela maioria dos autores. Pretendemos que o homem, abandonando a reação exterior contra as circunstâncias aparentes e concentrando sua vontade no desenvolvimento das forças internas, se liberte dos efeitos produzidos pela pressão externa e se torne senhor de seu destino.

As regras essenciais para esse desenvolvimento, já expressas nas *instruções do Círculo Esotérico da Comunhão do Pensamento*, são as seguintes:

1º – *Tende calma.* Ao procurarmos viver em acordo com um ideal e produzir vosso progresso em todas as direções, quase nada podemos conseguir antes de nos colocarmos nas condições convenientes para o desenvolvimento. A razão disso está em que o ideal sempre se dilata e desenvolve e para poder segui-lo, haveremos de aperfeiçoar-nos também.

É fato que todas as leis de desenvolvimento, para produzirem resultados, necessitam de ordem, harmonia e calma. Por conseguinte, o primeiro dos elementos essenciais é vivermos tranquilamente, pensarmos calmamente, agirmos e falarmos de modo pacífico e ponderado.

Isto não só nos colocará nas condições convenientes de desenvolvimento, mas também conservará nossas energias e isso é necessário para quem pretende viver de acordo com as leis espirituais. Efetivamente, tanto o abuso como o desperdício das forças espirituais são prejudiciais.

Não é necessário fazermos muito esforço para conseguirmos a calma e a tranquilidade, mas apenas conter-nos e dominar-nos em tudo o que fazemos.

Não deveis ter ansiedade pela consecução dos resultados e eles se apresentarão com menos esforço e maior rapidez.

Todas as vezes que dispusermos de alguns momentos, descansemos o corpo e acalmemos nossos pensamentos, nos colocando na posição mais cômoda possível e abandonando todo esforço e preocupação mental. Para distender e descansar as fibras musculares, não devemos fazer esforço nenhum, porque qualquer esforço impede de obtermos esse descanso. Se nos colocarmos em uma profunda tranquilidade, sem movermos os nossos músculos, respirando profundamente, porém com brandura e pensando sem esforço na paz e sossego, teremos conseguido o relaxamento muscular e mental.

Este modo de proceder, em poucas semanas dará resultados admiráveis.

Quando pudermos atender a nossos afazeres, nos conservaremos livres da precipitação e da excitação nervosa; vamos trabalhar em uma atitude equilibrada e executaremos muito mais trabalho e com maior perfeição.

Treinemos em obter um sentimento profundo de paz perfeita e manteremos um forte desejo de nos conservar tranquilo diante de todas as circunstâncias. Exercitemos o nosso agir com calma e método, seja qual for a circunstância em que nos encontremos. O resultado deste processo será adquirirmos a **"paz que excede o entendimento"**.

Quando nos ocorrer algo desagradável, **tomaremos a atitude de quem está aprendendo uma lição, pois somos um eterno Aprendiz, aqueles que são Iniciados na Arte Real,** e que ainda não se acham perfeitamente preparados.

Quando pudermos considerar e enfrentar todas as circunstâncias com a atitude de calma e confiança no bem, nossa gratidão pelo desenvolvimento deste poder será ilimitada.

2º – ***Regozijar e viver na alegria.*** A alegria, além de ser a melhor medicina, fornece alimento à vida mental e física. Uma disposição alegre enche de vida nova os átomos e produz nas faculdades mentais o que o sol produz às flores e plantas. Viver alegre é, sem dúvida, uma das maiores realizações humanas, e é das coisas mais úteis que o homem pode conseguir.

Aconteça o que acontecer, vivamos na alegria e nos firmaremos na convicção de que tudo está agindo para o nosso bem. Esta convicção desenvolverá nossa expectativa confiante e nossas forças para o bem.

Vivendo na convicção de que tudo está agindo para o bem, poremos em ação uma força que fará todas as coisas agirem para nosso benefício e proveito.

Portanto, por mais obscuro que seja nosso ambiente, por mais complicadas que sejam nossas circunstâncias, a irradiação da alegria nos permitirá descobrir o fio luminoso que nos iluminará a saída do labirinto em que nos acharmos. Esse fio luminoso está sempre presente na nossa vida, mas a tristeza e o desassossego nos impedem de vê-lo.

A alegria fortalecerá todas as nossas faculdades e nos permitirá vencer todos os obstáculos, pois nenhum obstáculo é maior que nossas forças reunidas.

Por conseguinte, dirigi a atenção constantemente para o lado alegre das coisas e recusai persistentemente dar atenção ao lado triste.

A princípio lutareis com grande dificuldade para consegui-lo parcialmente, até parecer-vos às vezes coisa impossível, porém a perseverança nunca deixa de vencer.

Não é preciso grande esforço para conseguirdes esse resultado, pelo contrário, o esforço é até um obstáculo. Basta-vos dirigir delicadamente vossa atenção para o lado brilhante da vida e convencer-vos de que podeis concentrar-vos inteiramente nele. Com o tempo, adquirireis o hábito invariável de viver inteiramente no lado brilhante da vida.

O valor deste resultado é muito grande, em primeiro lugar porque a alegria aumentará vossa vida, energia e poder, coisa que todos sabemos por experiência própria; em segundo lugar, porque as pessoas alegres e felizes não se afligem.

As aflições e desassossego levaram milhões de indivíduos a uma morte prematura. De modo que, sejam quais forem as circunstâncias, aquele que pretende chegar a ser senhor de seu destino não deve afligir-se nem perder a calma.

Logo que nos tenhamos habituado a esperar o melhor, só este nos virá, porque nossas forças serão canalizadas para o lado brilhante e bom da vida. Assim, nos alegraremos e viveremos contentes a todo o momento. Viveremos com o coração e a alma como se cantássemos permanentemente.

Quando nós não sentirmos a alegre música interna, vamos produzi-la com nossa imaginação, e com o tempo ela se apresentará por si mesma com maior facilidade. Nossa alma ***terá necessidade*** de cantar, pois ***sentirá*** uma música e poucas alegrias haverão de igualar-se ao sentir a música na alma.

Há na vida tantas coisas agradáveis e belas que, ao encontrarmos a chave que conduz a elas, nos alegraremos sobremaneira. Desde já, nos alegraremos pelas boas coisas que encontramos e, por meio desta atitude, atrairemos melhores coisas do que as que já possuímos.

3º – ***Amar a todos e ser delicado.*** Se desejarmos ter nosso caminho atapetado de flores, sejamos delicados. Daremos o melhor que pudermos ao mundo e receberemos o melhor, indubitavelmente; se não vier imediatamente, não vamos nos aborrecer por isso, continuaremos sempre a ser delicados recusando dar atenção às desilusões.

Nunca conservar na mente as coisas que não desejamos conservar em nossa vida, pois não dando atenção a elas logo passarão.

Dizer que coisas desagradáveis "logo passarão", enquanto as conservarmos no pensamento elas não podem passar. Aquilo que deixamos sair de nossa mente, desaparecerá completamente de nossa vida.

Exercitar para sermos delicados de um modo permanente, abster-nos de criticar, condenar e irritar-nos em qualquer tempo.

Saber que a raiva não só perturba a mente, mas também destrói as células do corpo e ninguém pode irritar-se sem perder grande vitalidade e energia.

Não tirar proveito em descobrir os defeitos dos outros, mas apenas conquistar inimigos e produzir discórdias; além disso, os defeitos que vemos constantemente nos outros se desenvolvem em nós.

A pessoa cuja mentalidade é empregada em criticar, enfraquece todo seu sistema; por conseguinte, se pensarmos nos defeitos alheios e falarmos deles, iremos diminuir nossas energias.

A estrada real da felicidade é ser bom e delicado com todos. Quando alguém praticar um erro, não o condenar, mas ajudar a encontrar um caminho melhor. Lançar assim nossa semente na terra, pois ela produzirá frutos, às vezes mais depressa do que esperamos.

Dar abundantemente tudo o que há de melhor em nossa vida, começar pelo amor e a bondade, pois nada há melhor que eles.

Quando começamos a viver uma vida ideal, adquirimos o desejo de viver com a maior amplitude possível e para realizá-lo, devemos aprender a ser útil a todos. Nosso propósito deve ser o de nos tornar o mais útil possível a todos, e nada pode realizar mais completa e extensamente este propósito do que a delicadeza para com todos. Isto não quer dizer, porém, que haveremos de nos deixar dominar pelos que não têm escrúpulos. É nosso dever e também nosso direito pedir sempre que a justiça seja feita, porém isso deve ser executado com delicadeza e sem atitude de combate.

O amor com que amamos a todos não é o amor que procura adquirir posse de algum objeto de afeição, mas sim a bondade e delicadeza que a ninguém exclui de seus bons desejos. Esta espécie de amor é o maior poder do mundo e aquele que mais ama, neste sentido mais vasto e real, mais realizará. A razão disso se acha no fato de que um grande amor invariavelmente expressará tudo o que é grande, vasto e admirável na natureza humana.

Poderá parecer coisa contraditória afirmar que aquele que toma o máximo interesse pelo bem do mundo faz o mais possível no interesse próprio, porém é fato verdadeiro e positivamente demonstrado que aquele que dá o melhor que tem ao mundo, invariavelmente receberá o melhor em troca. Nunca dizer que não podemos amar a todas as criaturas viventes; pelo contrário, afirmar que podemos amar todos os seres vivos e demonstrar pela persistência. Pela persistência nessa afirmação, adquirir o hábito de fazer.

Este amor mais vasto ilumina a mente, dá nova vida a cada fibra de nosso ser, afasta as dificuldades e facilita a vida. O amor afasta totalmente todo ódio, raiva, vingança, má vontade e estados semelhantes, coisa que é de grande importância, porque ninguém pode viver de acordo com o ideal, se estiver nesses estados mentais.

Possuir uma disposição amável e delicada, ter um coração bondoso e sensível, é algo que vale mais que toneladas de ouro. Todos observamos que isso é verdade e percebemos perfeitamente que a pessoa que ama a todos com a mesma bondade, dá um grande passo na ascensão da vida real. Isto não é apenas sentimento, mas a expressão de um verdadeiro fato científico. Um amor forte e persistente trará grandes bens para aquele que viver e agir de acordo com seus sentimentos íntimos.

4º – *Ter fé na abundância.* Ter fé em DEUS, o Supremo Arquiteto do Universo, ter fé no homem, ter fé em nós, ter fé na própria fé. Acreditar que tudo é bom e vem para o nosso bem e nos colocarmos ao lado do que há de melhor em tudo. Todos conhecemos o valor da confiança própria, porém a verdadeira fé é mais profunda, maior e superior.

A confiança própria nos ajuda a crer em nós mesmos, tal como somos no presente e assim nos ajudar a fazer o melhor emprego do talento que possuímos na atualidade; porém a fé que eleva a mente é a consciência de nossas possibilidades maiores e superiores, aumentando assim perpetuamente o poder, a capacidade e a eficiência dos talentos que possuímos.

A fé expressa o que há de melhor em nós e o fazer agir do nosso proveito atual. Aquele que segue a fé parece muitas vezes caminhar por sobre o vácuo, mas sempre se acha sobre a rocha sólida. A razão disto é que a fé possui uma visão superior e se dirige instintivamente para o objeto que procuramos. A fé não espera que as coisas se assemelhem por si mesmas. A fé nunca para e espera; ela faz as coisas e enquanto age ***crê*** que o objeto será alcançado e o empreendimento realizado. A pessoa que age na atitude de fé nunca é malsucedida, porque, através da fé, ela encontra uma fonte inesgotável. A pessoa que age na atitude de dúvida nunca pode fazer o melhor. Pelo sentimento de dúvida, perde a própria capacidade, conserva inativa sua melhor força e emprega apenas uma parte de sua capacidade; porém aquele que trabalha com fé, emprega sua capacidade atual até o limite máximo e então vai além, porque quanto maior for sua fé, mais completamente se compenetra de que não há limite para sua capacidade, que o vácuo aparente que se acha em sua frente é positivamente uma rocha sólida sobre a qual pode andar tranquilamente.

Podemos triunfar em tudo, desde que tenhamos a fé íntima de que somos capaz de fazê-lo e não tenhamos um só momento de dúvida. Adquirir a certeza íntima de que o infinito é nossa fonte, e que vivemos no universo e temos um armazém ilimitado que pode nos suprir.

Se as pessoas ou as coisas não estão de acordo com o nosso ideal, nunca iremos nos aborrecer por isso; daremos tempo a que elas mudem, continuando a ter fé no lado melhor delas. Esperaremos que produzam o melhor e quase sempre o farão agora mesmo; aquelas que não o fizerem imediatamente, farão logo mais, se tivermos fé. A fé ilimitada de uma alma pode elevar a vida de milhares. Esta é uma afirmação tão real quanto grandiosa e devemos dar constantemente o mais alto lugar em nossa mente. O homem que tem fé em toda a humanidade é uma inspiração para todos.

Muitas pessoas se elevam rapidamente na vida porque alguém teve fé em seu valor. A fé é o maior poder de elevação que conhecemos no mundo. A fé pode mudar o insucesso em sucesso e produzir o progresso de quem quer que seja, sejam quais forem as circunstâncias. Ter fé em nós mesmos e progredir como nunca progredimos. Ter fé nos outros e eles inevitavelmente mostrarão que não estamos iludidos.

Ter fé no infinito e Supremo Poder e Ele, o Supremo Arquiteto do Universo, sempre estará conosco. Ele nos dirigirá para vosso fim, seja qual for. Portanto, se quisermos entrar na vida nova, melhor, ideal e inspirar os outros a fazer o mesmo, tenhamos fé na abundância.

5º – *Orar sem cessar.* A verdadeira prece é um vivo desejo da alma em alcançar o que há de mais elevado e melhor, desejo esse expresso quando a mente está dirigida para o Supremo Arquiteto do Universo, e orar sem cessar é viver constantemente nesta atitude.

As forças de nossa mente e de nosso corpo sempre seguem nossos desejos, por conseguinte, se quisermos empregar nossos poderes na construção de uma vida mais vasta e maior, devemos ter desejos fortes e elevados. Voltar nossos desejos para cima e conservá-los nos planos elevados, desejando apenas as coisas maiores e nunca as menores.

Os poderes que se acham em nós farão com que nos tornemos tão verdadeiros, grandes e perfeitos como nosso coração desejar.

Para fazer nossos desejos, pensamentos e estados de consciência elevarem-se aos estados mais altos de existência, devemos entrar diariamente no silêncio, isto é, entrar no silêncio absoluto da vida íntima da alma. Por meio do silêncio, encontraremos o segredo dos segredos, o caminho do mundo interno de que tudo provém. Para começar, ficar só e confortavelmente. Podeis também executar isto em associação com alguém com o qual estejamos em perfeita harmonia. Relaxar a mente e o corpo; fechar os olhos e ficar em uma perfeita concentração; voltar a atenção para a vida íntima da alma e conservar delicadamente nosso pensamento na atitude de calma e paz.

Afirmar com sentimento profundo e tranquilo:

> *Gozo de perfeita paz. Estou descansando no silêncio do espírito. Entrei na mais completa calma. Estou no reino do grande elemento interno. Estou no lugar secreto do Altíssimo.*

Ao fazermos essas afirmações, ***sentiremos*** que estamos na paz e na tranquilidade e que agora estamos no mundo interior em que tudo é tranquilo e sereno. Quando sentimos esta profunda e sublime calma, podemos utilizar outras afirmações que estejam de acordo com nossas necessidades do momento.

Podemos afirmar que estamos bem, gozamos de boa saúde, somos fortes, felizes e vivemos em harmonia. Afirmar que estamos na inteira posse das qualidades que sabemos terem existência na vida real. Entretanto, o mais essencial é sentirmos a perfeita paz da alma. Assim, nossa consciência se tornará mais profunda e penetraremos cada vez mais no grande reino interior. Enquanto a mente estiver neste estado interior de existência, todo o pensamento que emitirmos será um poder e todo desejo que expressarmos modificará ou mudará todas as coisas de nossa vida de acordo com a natureza deste desejo e na proporção de sua profundeza e unidade com o Supremo Arquiteto do Universo. Por esta razão, haveremos de treinar em termos apenas pensamentos retos e criar apenas os desejos mais verdadeiros ao estarmos no silêncio.

Aquilo em que pensamos ou que fazemos quando estamos no silêncio terá um maior efeito na nossa vida do que aquilo que tentamos quando estamos na superficialidade da consciência exterior.

Portanto, tudo o que tiver importância para nós deve ser tomado no silêncio e, pelo silêncio, levado ao infinito. Isto corresponde perfeitamente ao conselho: **"Dirigi-vos ao Senhor na prece"**. O objeto real do silêncio é permitir à mente que entre na vida interna e não só refaça todo pensamento de acordo com a verdade superior, mas também entre em perfeito contato com a fonte divina de todas as coisas.

Deveis entrar no silêncio diariamente durante dez, vinte ou trinta minutos. Esta é uma prática diária de grande valor.

Embora a princípio não tenhamos resultados reais, continuemos na prática, pois chegaremos a resultados surpreendentes. Quando começarmos a nos tornar conscientes de nossa vida interior e a viver mais ou menos em contato com o belo mundo interno, notaremos que poderemos viver neste estado elevado e tranquilo a maior parte do tempo e assim permanecer quase todo o tempo no silêncio.

Este resultado não é apenas uma grande realização, mas é o maior resultado que a alma pode conseguir. Quando pudermos viver nestas alturas espirituais de um modo constante e desejarmos a realização do que há de melhor e mais elevado que conhecemos, estaremos orando sem cessar e fazendo a verdadeira prece espiritual.

Essa prece será respondida eternamente. Cada dia nos trará algo que realmente desejamos e cada momento nos fornecerá tudo o que é necessário para completar e aperfeiçoar o presente. Essa prece será respondida eternamente. Todos os dias receberemos algo que realmente desejamos e cada momento será suprido de tudo o que é necessário para tornar o presente completo e perfeito.

6º – *Pensar na verdade.* Quando aprendemos a pensar na verdade, chegamos no ponto em que os "caminhos se dividem". É aqui o lugar em que se abandona o velho e se começa o novo. Neste estado, o erro desaparece e o que é justo começa a ser discernido e expresso de um modo progressivo.

O fundamento de toda a verdade pode ser expresso na afirmação básica: *o homem é um ente espiritual criado à imagem e semelhança de Deus.*

Sendo criado à imagem de Deus, o homem é dividido e está na posse de todos os atributos divinos. Todo indivíduo está agora de posse de infinita sabedoria, infinito poder, infinito amor, vida eterna, paz perfeita, alegria permanente, verdade universal, liberdade universal, perfeição divina, virtude imaculada e suprimento ilimitado.

É verdade que esses atributos existem principalmente no estado potencial, isto é, são possibilidades que estão no íntimo à espera de desenvolvimento e expressão. Entretanto, existem em todas as almas em grau ilimitado. Por conseguinte, toda alma possui realmente esses atributos e para falar a verdade devemos reconhecer a existência deles e pretender desde já sua posse.

Para pensarmos a verdade, haveremos de pensar que somos divinos em nossa entidade real e que possuímos esses atributos, porque isso é verdade.

Somos divinos em nossa verdadeira entidade, porque somos criados à imagem de Deus, e possuímos os atributos divinos acima mencionados, porque aquilo que é dividido deve necessariamente possuir os atributos do divino.

Pensarmos de um modo contrário a isso seria termos uma ideia errônea e das ideias errôneas ou falsas provêm todos os erros e males do mundo. A pessoa comum pensa de modo diverso; por isso está quase constantemente presa ao erro e a perturbações de toda espécie.

Possuímos desde já a perfeição divina, isto é, a perfeita saúde física e mental, sempre a possuímos e sempre a possuiremos, portanto é errado dizer: "Estou doente".

Nossa entidade real nunca está doente, nunca o estará, pois é divina e nós somos a entidade real, não o corpo; possuímos um corpo e este corpo pode achar-se doente; se criardes pensamentos errôneos, esse corpo não será vosso. Somos um ente espiritual criado à imagem de Deus, portanto estamos sempre bem.

Quando a doença aparece na superfície, isto é, no corpo, sabemos que é apenas no exterior. A doença não está em nós, que somos o ente real e vivemos na perfeita saúde durante toda a eternidade. A doença que às vezes aparece no corpo, é o resultado do reconhecimento de uma falsidade, expressa num pensar ou num viver errôneos.

O pensamento reto, isto é, que invariavelmente reconhece a verdade absoluta, não produzirá doença; e ninguém que sempre esteja inteiramente sob a proteção de um pensamento reto pode ficar doente. Quando a luz reina de um modo supremo, a obscuridade não pode entrar.

Os pensamentos errôneos resultam de uma falsa concepção de nós mesmos e as falsas concepções continuarão a se formar na mente enquanto ignoramos a verdade.

Quando sabemos a verdade, a qual afirma que somos a imagem de Deus, justo e perfeito, nossos pensamentos serão retos; por conseguinte, só as condições justas se expressarão em nossa vida e tudo nos correrá bem.

Quando nos virmos como somos em nossa verdadeira entidade, que sempre somos fortes e temos saúde, que vivemos na posse da paz, do amor, do poder, da sabedoria e de todo o bem que há em Deus, pensaremos a mesma coisa de nós mesmos e esse é o pensamento reto. O resultado será que nossas condições mentais e físicas se aperfeiçoarão. Do centro até a circunferência todo nosso ser estará bem e perfeito, como realmente esteve sempre.

Pensar na verdade absoluta parece, a princípio, contrário aos fatos conhecidos, porque estamos tão habituados a julgar pelas aparências, mas ao sabermos que as aparências são apenas resultados do pensamento, que os pensamentos retos produzem boas aparências e os maus pensamentos aparências contrárias, ficaremos sabendo que o ser real é a imagem de Deus, não mais veremos a contradição ao pensar na verdade absoluta.

Quando pensamos na verdade relativa a nós mesmos, sempre haveremos de pensar nela com relação aos outros; portanto, não haveremos de pensar a respeito deles como parecem no exterior, mas como são na perfeição de sua entidade real.

Haveremos de esquecer e perdoar a aparência errônea, sabendo que é apenas um efeito temporário de um pensamento falso, e procuraremos levar cada qual a mudar essa aparência, pensando a respeito dele o que na realidade é.

7º – ***Viver no espírito.*** Para expressar esta afirmação de um modo mais simples, diremos que viver no espírito é viver no lado superior da mentalidade ou permanecer no lado bom, brilhante e real de todas as coisas.

Isto é suficiente para o principiante, porque esta simples mudança de vida deve ser executada antes que a consciência espiritual possa manifestar-se. Entretanto, esta mudança, que é simples, revolucionará completamente nossa visão. Todavia, com o tempo a consciência do lado verdadeiro denotará muito mais se permanecermos no lado superior da mente, e quando esta maior experiência se apresentar, saberemos pela nossa própria inteligência iluminada que quer dizer viver no espírito.

Quando começarmos a pensar na verdade, toda espécie de ilusões e falsas crenças desaparecerá gradualmente e não só compreenderemos que somos entes espirituais, mas também teremos o sentimento de ser tudo o que a vida divina pode ser.

Conheceremos positivamente que sois alma eterna que vive no mundo espiritual, expressando-se no mundo físico e adquiriremos a certeza de que realmente somos criados à imagem e semelhança do Supremo Arquiteto do Universo, vivendo unidos a Ele e da vida Dele.

Por uma compreensão e expressão mais completas da verdade, aprendereis que o reino espiritual não é algo vago ou afastado que só os santos podem conhecer, mas que o espírito é a essência de tudo, a própria vida de todas as coisas visíveis e invisíveis e que é absolutamente bom e perfeito.

Saberemos então que só há uma substância de onde todas as coisas provêm e que ela é a expressão do espírito. Veremos que só há uma vida, a vida espiritual, e apenas uma lei, a da expressão eterna de maior quantidade de vida.

Sabereis que o espírito é a base de tudo, a *alma* de todas as coisas, e, por conseguinte, todas as coisas são realmente boas e belas.

Por meio do espírito, veremos que o mal é apenas um estado temporário produzido pela falta de compreensão do homem de que o ente real é bom e perfeito.

Compreenderemos que a perfeita harmonia de todo o universo está na vida espiritual. Quando compreendermos estas coisas, estaremos no lado real da vida e teremos o sentimento disso.

Quando estivermos em harmonia com todas as coisas, estaremos em harmonia com o Infinito e poderemos sentir continuamente sua presença. Notaremos também que "permanecer no lugar secreto do Altíssimo", é compenetrar-nos de que estaremos no grande mar da vida, o grande mar espiritual, o estado universal de existência, o mundo da existência divina.

Quando nos acharmos no estado superior, isto é, no reino espiritual, estaremos afastados da falsidade e viveremos na verdade. Viveremos no plano do espírito e com a luz do espírito poderemos ver claramente a verdade a respeito de todas as coisas. Desse lugar subiremos a outras maiores alturas, em que a existência se torna cada vez mais bela e fácil.

Só a eternidade pode revelar o que se acha armazenado para

a alma que vive no espírito, porém milhares de pessoas sabem que a única vida verdadeira é a do espírito.

O Iniciado deve, antes de tudo, afastar-se da vida material, isto é, do comum, grosseiro, superficial, ordinário, perverso e falso; depois subir e entrar no mundo da luz, vivendo nos mais belos reinos da existência sublime.

Para viver no espírito, vivamos no estado mais elevado e perfeito que conhecemos e não desçamos dele por um só momento. A princípio, este estado será simplesmente uma vida que é mais refinada, mais vasta e mais harmoniosa; em que as coisas se movem brandamente e o valor da vida parece aumentar constantemente.

Porém, com o tempo, viver no espírito será mais que um estado agradável de existência, e quanto mais progredirmos, mais admirável será a vida, até chegarmos a compreender a grande alma que afirmou: "*Olhos não viram, ouvidos não ouviram, nem entrou no coração do homem o que Deus preparou para os que O amam*".

Devemos ter em mente que não é necessário alcançar as supremas alturas da vida espiritual para poder viver no espírito. Podemos viver no espírito, seja qual for nossa posição na vida, pois a vida espiritual tem tantos graus quantas são as almas humanas.

Vivamos no sentimento de que este universo tem *alma*, que esta alma é divina e que vivemos, nos movemos e temos nossa existência nesta grande alma. Vamos nos compenetrar nisto o mais completamente que nosso estado atual de desenvolvimento nos permita e teremos iniciado a vida no espírito. A realização da divindade do lado espiritual de todas as coisas revelará à nossa mente a grande verdade de que todas as coisas são perfeitas em seu estado real de ser e que a realidade de todas as coisas está no universo espiritual.

Entretanto, antes de tudo, devemos nos convencer de que a vida espiritual não é um mero sentimento ou emoção mental.

A vida espiritual é a vida real, o fundamento de toda vida, a essência de toda vida, a alma de toda existência. Tudo o que for verdadeiro na vida espiritual corresponde a uma verdade científica demonstrável por aquele que aplicar esse princípio.

Feliz da alma que aplicar este princípio, pois ela não só verificará que a vida espiritual é real, mas também mais perfeita, bela e admirável do que julgou.

A aplicação das sete regras anteriormente expressas desenvolverá em nós faculdades admiráveis e sobretudo a intuição, cujo valor para o indivíduo só poderá ser avaliado por quem conhece.

Estes princípios harmonizam o indivíduo, constituindo o primeiro passo para a fraternidade.

CAPÍTULO III

PRIMEIROS PASSOS NA VIDA IDEAL

Dê o melhor que tens para o mundo, por mais insignificante que ele seja, e o mundo invariavelmente vos dará o melhor que tem. Nada havia de grande ou notável na almotolia da viúva, mas produziu notáveis resultados, e a razão foi que ela deu o melhor que tinha. Quando damos o melhor que temos, não só recebemos o melhor em troca do mundo exterior, mas também recebemos o melhor do mundo interior. Quando damos o melhor que temos, expressamos o que há de melhor em nós, e é expressão de nosso melhor que nos faz cada vez melhor. Quando nos tornamos melhores, encontramos pessoas melhores, entramos em ambientes melhores e tudo em nossa vida mudará para melhor, porque o semelhante atrai o semelhante. Darmos muito é fazermos muito, desde que dermos o melhor e o façamos de coração. O dar que vem simplesmente da mão não importa, por maior que seja. Nada nos traz e não dá bem permanente a quem quer que seja. Quando damos o melhor, não damos o excesso do que temos ou o que não podemos empregar, não nos pertence, e não podemos dar, no verdadeiro sentido do termo, o que não é nosso. Dar não significa simplesmente dar dinheiro, a não ser que isto seja o melhor que possuímos, mas sim dar nosso serviço, nosso talento, nossa capacidade, nosso verdadeiro valor e eu real. O homem que vive uma vida real em todos os tempos e sob todas as circunstâncias está dando seu melhor e o melhor que pode dar. Uma vida real, que se vive verdadeiramente, é um poder, e a pessoa que vive essa vida é um poder para o bem, esteja onde estiver. A presença dessa pessoa é uma inspiração e uma luz, como todos sabem. O homem que ama todo o mundo de coração e alma, e ama sem cessar, faz mais pela humanidade do que aquele que constitui universidade. E receberá uma recompensa muito maior. Entretanto, devemos lembrar que esse amor não é mero sentimento. O amor real é um poder e fará a pessoa que o tem fazer o melhor para todos em todas as circunstâncias possíveis. Toda pessoa cujo coração está com humanidade nunca se satisfará com trabalho interior. Ela nunca abandonará os problemas da vida de outros; irá e impelirá para frente tudo aquilo em que se faz algum bem e constantemente procurará prestar melhor serviço, seja qual for seu campo de ação. Tal pessoa dará o melhor que tem ao mundo, quer o faça pelos canais da arte, mecânica, música, literatura, trabalho físico ou intelectual, ideias ou vida real. O que ela faz será o melhor, e o que recebe em troca será o melhor que o mundo é capaz de dar. Dar o melhor que somos em nossos pensamentos, palavras e obras: essa é a base; e nossa vida será constantemente enriquecida tanto por dentro como por fora. Por meio da aplicação diária deste princípio, desenvolveremos a superioridade da mente, da alma, do caráter e da vida e o melhor nos será mais facilmente encaminhado devido a nossa presença nele.

Esperamos o melhor da parte de todos e todos farão o melhor para nós. Pode haver casuais exceções a esta regra, porém examinando bem, notaremos que essas exceções são devidas unicamente a nossa negligência em aplicar a lei em todas as ocasiões. O homem que espera o melhor de todos e tem fé em todos certamente receberá mais amor, mais bondade, melhor amizade, melhor serviço e associados mais agradáveis do que aquele que tem pouca ou nenhuma fé nos outros.

Porém, nossa fé nas pessoas deve ser viva e nossas esperanças devem ter *alma*. Viver constantemente com medo de que as pessoas farão isto ou aquilo, e que poderão dar-se estes e aqueles erros, é viver num mundo mental confuso, e onde há muita confusão, haverá muitos erros. Os estados mentais são contagiosos; como pode ser isso é coisa que não discutiremos aqui, porém é fato que são extremamente importantes e todos sabem que eles o são; portanto, se vivermos com medo e confusão, seremos um elemento perturbador entre todos aqueles com os quais nos associamos, e se nossos associados não são mentalmente fortes e positivos, ficarão mais ou menos confusos em nossa presença e estarão sujeitos a fazer os próprios erros que temíamos.

Pelo contrário, quando temos fé nas pessoas, as ajudaremos a ter fé em si mesmas, sendo menores seus erros e melhores suas obras. Quando temos fé em todos e esperamos constantemente o melhor de todos, criamos condições perfeitas em nossas mentes, as quais tenderão a desenvolver o melhor que há em nós; entretanto, a pessoa que não tem fé nos outros, logo perde a fé em si mesma, e quando assim age, há uma mudança para pior na sua vida. É verdade que continuará a possuir uma mecânica confiança própria ou exagerado estado de egoísmo, mas esse estado logo produzirá uma reação e o insucesso se seguirá. A confiança própria que expressa o melhor que está dentro de nós sempre se baseia numa fé viva na inerente grandeza do homem; portanto, ninguém pode ter fé real em si a não ser que tenha fé nas maiores possibilidades da humanidade, e ninguém pode esperar o melhor para si e dar alma a essa esperança a não ser que espere o melhor dos outros. Este é um fato científico que todos podem provar em sua própria experiência diária. Esperar o melhor de todos fará com que todos façam o melhor para nós.

Esperar o melhor de toda a parte e encontrar o melhor onde quer que formos. Muitos gostarão de investigar a razão disso, porém isso não nos interessa agora. O que nos importa é que esta lei opera, e é de grande importância para nós.

Ninguém pode compreender perfeitamente por que aquele que sempre procura o bem encontra o bem, porém todos *podem* esperar o melhor; e assim achar o melhor; e é a procura do melhor que deve chamar nossa atenção. Seus resultados reais é que estamos procurando e quanto mais simples for o método, melhor.

O homem que aplicar constantemente esta lei não permanecerá muito tempo em ambientes indesejáveis, nem ocupará por muito tempo uma posição inferior; as melhores coisas positivamente virão em seu caminho e não terá ele de esperar muito pela mudança. O homem que espera o melhor está constantemente pensando no melhor e constantemente impressionando sua mente com o melhor pensamento a respeito de tudo; e visto o homem ser como pensa que é, podemos facilmente compreender por que esse homem se tornará cada vez melhor; portanto, esperando o melhor de toda a parte, não só encontrará o melhor no mundo exterior, mas criará o melhor em seu mundo mental; isto lhe dará uma mente maior, que, por sua vez, produzirá maiores desenvolvimentos e progressos. Entretanto, o homem que está sempre esperando o pior pensará constantemente no pior e encherá sua mente de pensamentos inferiores; de forma que ele mesmo se tornará por sua vez inferior.

Encontraremos positivamente, cedo ou tarde, o que constantemente procuramos; é, portanto, conveniente procurarmos o melhor em toda a parte e, todas as vezes; tornar semelhante as coisas em que pensamos constante e profundamente; é, portanto, proveitoso pensarmos apenas no melhor, seja o que for que aconteça. A pessoa comum pode não encontrar o melhor nos primeiros dias em que este princípio é aplicado. A maior parte entre nós se afastou tanto deste modo de pensar e viver que pode necessitar de algum tempo para entrar no caminho que leva para o melhor por toda a parte; porém, uma coisa é certa, todo aquele que esperar o melhor de toda a parte, e continuar a fazê-lo por uma razoável extensão de tempo, encontrará o caminho; além disso, terá as mais agradáveis experiências ao aplicar este princípio do que teve anteriormente em período semelhante. Entretanto, isto será apenas o começo; o futuro tem coisas muito maiores armazenadas, se continuarmos a procurar o melhor e nunca outra coisa.

Quando as coisas não são de acordo com os nossos desejos, as desejamos como são. Em outras palavras, enquanto trabalharmos para coisas maiores, nos harmonizaremos com as menores, e elas nos ajudarão a alcançar nossa meta. A pessoa que está descontente com suas coisas e se aborrece por elas não serem como deseja, está parando em nosso caminho. Não podemos nos afastar de nossas atuais condições enquanto formos contrários a elas, porque estamos presos àquilo a que resistimos. Se quisermos que as atuais condições se tornem escadas para melhores coisas, devemos nos colocar do lado melhor das atuais condições, amando as coisas como são, enquanto permanecerem conosco. Devemos estar em harmonia com o presente se desejamos avançar, porque, a fim de avançar, devemos empregar o presente, porém não podemos empregar aquilo com que não estamos em harmonia. Este é um fato que merece a mais completa atenção e vontade, e, sendo compreendido, explica completamente por que a pessoa comum parece impotente para elevar-se acima do ambiente. Devemos estar em condições harmoniosas com tudo o que há em nossa vida atual, se desejarmos adquirir posse de todo o material construtivo que nosso mundo atual pode nos fornecer, e não podemos ter demasiado material, se desejamos construir uma vida maior e um futuro mais vasto. Aquilo a que temos antipatia se torna prejudicial a nós, por melhor que seja; entretanto, sempre continuará conosco, porque é impossível eliminar permanentemente aquilo que combatemos; mesmo fugindo dele, o encontraremos de alguma maneira; porém aquilo que amamos nos servirá constantemente e nos ajudará a caminhar para coisas maiores; quando não nos puder servir mais, desaparecerá. Entretanto, gostar das coisas que não são de nosso gosto nos parece difícil, porém temos de saber por que não são de nosso gosto, quando sabemos que tudo em nosso mundo atual é uma escada para algo ainda melhor.

Será natural para nós o gostar de tudo. Tais coisas podem não estar de acordo com nossos ideais, porém esse não é o propósito real delas; não é missão das coisas atuais servirem de ideais, a missão delas é nos ajudar a atingir nossos ideais, e elas podem positivamente fazer isso, se as tomarmos em cooperação amigável. Quando empreendemos uma cavalgada a um país ideal, não desprezamos o cavalo por não ser esse lugar; se formos humanos, gostaremos do cavalo, pois ele procura de boa vontade levar-nos para onde desejamos ir. Se desprezarmos e maltratarmos esse cavalo, ou deixarmos de atrelá-lo à carroça ou à charrete, não atingiremos nosso destino. Entretanto, é isso que as pessoas fazem com as coisas de seu mundo atual. Essas coisas são os cavalos e os veículos que nos podem levar aos lugares ideais que desejamos alcançar; porém devemos atrelá-las; devemos tratá-las justamente e empregá-las. Para fazermos que todas as coisas que agora nos rodeiam trabalhem conjuntamente conosco, devemos amá-las como são e isso se torna relativamente fácil ao sabermos que é necessário serem o que são, a fim de que possam servir de escadas; se fossem diferentes não poderiam servir de escadas, e teríamos de ficar onde estamos. Quando compreendermos que tudo que existe em nosso mundo atual tem o poder de promover nosso cotidiano, se empregarmos convenientemente este poder, e quando nos compenetrarmos de que é necessário estarmos em harmonia com todas as coisas para empregarmos o poder que está dentro dessas coisas, não mais desprezaremos qualquer uma delas; nos tornaremos até amigos da adversidade, porque o poder que há na adversidade pode ser aproveitado pela bondade e o amor; e quando este poder é aproveitado se faz nosso. São grandes fatos estes que podem ser facilmente demonstrados por quem quer que seja, e todo aquele que aplicar estes princípios, verá que amando todas as coisas, obterá a cooperação de tudo, e todos podem progredir rapidamente quando todas as coisas trabalham com eles; por conseguinte, gostando do que encontram, encontrarão o que gostam.

Quando não obtemos o que precisamos, tomamos o que podemos obter e o chamaremos bom. É melhor ter algo do que nada; além disso, devemos empregar o que podemos obter antes de podermos ser tão fortes e hábeis para obtermos o que precisamos. Quando uma pessoa deixa de realizar seu ideal, há uma razão; geralmente a causa é esta: simplesmente almeja o ideal, porém não trabalha para ele. E para trabalhar para o ideal precisa de tudo o que pode obter e empregar agora; tomando o que pode obter, consegue algo com que trabalhar na promoção do seu atual progresso e, olhando esse algo como bom, mudá-lo em coisa boa.

É fato conhecido que obtemos o melhor de tudo, quando recebemos tudo com a convicção de que é ***bom para alguma coisa***, porque esta atitude invariavelmente coloca a mente em contato consciente com o valor real daquilo que encontramos. Obtemos aquilo que procuramos constantemente e procurando constantemente o valor real daquilo que se consegue, tudo o que recebemos ou com que entramos em contato será bom para nós e terá algo de valor para dar-nos. Gradualmente, o bem assim se acumulará de modo a termos tudo o que precisamos, a vida será repleta do que tem qualidade e valor, o que denota que o desenvolvimento para um maior valor terá lugar constantemente, denotando a ascensão na realização de nossos ideais. Aceitando e empregando o bem que podemos obter agora, acrescentamos tanto ao valor de nossa própria vida que nos torna digno do maior bem que desejamos; por conseguinte, recebê-lo positivamente. Este processo pode não satisfazer aqueles que esperam atingir o cume imediatamente ou esperam receber o melhor sem se fazerem melhores, porém satisfará aqueles que preferirem caminhar gradualmente para frente e de um modo mais seguro do que permanecer com a mão vazia à espera durante anos de que algum segredo milagroso possa ser encontrado, por meio do qual tudo possa ser realizado imediatamente. Entretanto, a ideia não é que devemos aceitar tranquilamente as coisas como são e ficar satisfeitos com o que o mísero destino possa querer nos dar; este é outro extremo e realmente tão prejudicial ao bem-estar humano. Recebamos todas as coisas que se apresentam legitimamente em nosso caminho; não as recusemos por parecerem muito pequenas; vamos receber e chamá-las boas, pois são boas para algo; depois faremos delas o melhor uso possível com o fim de obtermos um maior bem pelo emprego delas; esperaremos que tudo se multiplique em nossas mãos; tenhamos fé; aceitemos as pequenas coisas, assim como as grandes, com esta convicção, e todo bem que aceitarmos será bom para dar-nos um maior bem. Viver na atitude que muda tudo para o bem é coisa que tem o mais benéfico efeito sobre nossa mente e caráter, porque esta atitude mental tenderá a mudar tudo dentro de nós para o bem; o resultado será o desenvolvimento constante de um melhor caráter e de uma mentalidade mais apta. Combinando todos os resultados deste modo de viver e notando os maiores resultados que invariavelmente vêm desses resultados combinados, devemos concluir que o ganho total será grande, e que aquele que muda para o bem tudo o que vem na sua vida, receberá positivamente tudo o que pode necessitar para viver uma vida ideal.

Vivamos em um mundo alegre, embora tenhamos de criar esse mundo em nossa própria imaginação. Se resolvermos ser felizes apesar do que acontecer, não poderemos tomar outro rumo. Consideremos tudo com alegria; recebamos tudo com o espírito de alegria e esperemos que tudo nos dê alegria. Criando um mundo alegre em nossa imaginação, desenvolveremos a tendência a uma disposição alegre e recebendo tudo na atitude de alegria, logo nos acharemos diante de coisas que naturalmente produzirão alegria. **O semelhante**

atrai o semelhante. Muita alegria atrairá mais alegria, e a mente mais feliz obtém as mais agradáveis experiências. Havendo exceções, deixai-as passar como se não tivessem valor, porque para nós não têm valor; interessa-nos apenas pelos acontecimentos que desejamos ter; portanto, não há razão alguma para darmos atenção aos de outra espécie. É fato que, quanto menos atenção dermos às condições desagradáveis, menos coisas desagradáveis nos sucederão na vida. A pessoa que procura o desagradável em toda a parte e espera encontrá-lo, certamente encontrará o que procura na maioria das vezes. Por outro lado, a pessoa que espera apenas o agradável, raramente encontrará outra coisa. Atraímos aquilo em que mais pensamos. Não há melhor remédio do que a alegria, principalmente para a circulação e as funções digestivas. Conservando nossa mente cheia de alegria viva, nossa circulação será forte em todas as partes do nosso ser, e uma circulação vigorosa e perfeita é um dos segredos da saúde. Outro grande segredo da saúde é uma boa digestão e é bom nos lembrarmos que, enquanto estivermos perfeitamente alegres e felizes poderemos digerir quase todos os alimentos. Entretanto, o maior valor da alegria se acha em seus efeitos sobre a mente, isto é, no seu poder de fazer as faculdades e talentos se desenvolverem, **da mesma forma que a luz do sol faz as flores crescerem.**

É fato conhecido que a mentalidade mais alegre é a mais brilhante, em igualdade de condições, e que as ideias mais brilhantes sempre vêm quando nos achamos na mais brilhante disposição mental. Isto torna indispensável a alegria para aqueles que desejam se aperfeiçoar e desenvolver um poder mental superior. A mente desanimada é sempre obscura e nunca vê as coisas com clareza; quando a mente está alegre, aprende mais facilmente, lembra-se mais facilmente e compreende mais perfeitamente. Portanto, não devemos concluir que a alegria é tudo o que é necessário para o desenvolvimento de uma inteligência perfeita; deve haver também poder mental e qualidade mental. Por maiores que sejam a energia e a qualidade mental, elas não podem ser perfeitamente expressas sem abundância de brilho mental. Embora o mais ardente sol não consiga fazer produtivo um solo estéril, o solo mais fértil permanecerá estéril enquanto não receber os raios solares. Há milhares de férteis mentalidades no mundo que quase são improdutivas, porque lhes falta brilho mental. Se elas cultivassem uma verdadeira alegria mental, todas as partes do mundo estariam repletas de brilhantes ideias. O que a bolota é para o carvalho, as ideias brilhantes são para a vida grandiosa e próspera, e todos podem produzir ideias brilhantes por meio do desenvolvimento da capacidade mental e da cultura do brilho e alegria mental. A alegria conserva o corpo no melhor estado e manifesta o melhor que há na mente. Para alcançarmos o estado de alegria, devemos nos lembrar que é um produto da vida íntima e não vem das circunstâncias ou condições; portanto, o essencial é criarmos um mundo alegre na imaginação, pintar na mente os mais brilhantes estados de existência em que podemos pensar e nela imprimir sempre a alegria, sentir a alegria, pensar na alegria e fazer com que cada ato da mente e do corpo seja repleto de alegria. Com o tempo, teremos criado dentro de nós a causa subconsciente da alegria e quando isto for feito, a alegria e o brilho se tornarão elementos permanentes em nós.

Viver apenas no presente, e procurar fazer o eterno presente o mais perfeito e completo possível. É o que fazemos no presente que vale; o passado já se foi e o futuro ainda não está preparado para agirmos sobre ele. Dar nosso tempo, nosso talento e nosso poder ao que agora está em mãos e fazermos coisas de valor; não gastar o pensamento no que esperamos fazer, mas voltar toda a nossa energia sobre o que podemos fazer agora; os resultados se seguirão positivamente. O homem que faz as coisas de valor no presente não terá de preocupar-se com o futuro, pois terá no futuro abundante compensação. Quanto maior for a causa atual, maior será o efeito futuro. Noventa por cento dos aborrecimentos da vida comum são simplesmente sobre o futuro; todos eles serão eliminados quando aprendermos a viver apenas no presente.

Em vez de pensar ansiosamente na ponte que haveremos de atravessar, daremos um pensamento científico ao aumento da atual capacidade e poder; assim nos tornaremos perfeitamente aptos para dominar todas as ocasiões que teremos de enfrentar. Julgar o presente pelo passado não é boa doutrina, porque se progredir, o presente não só é maior que o passado, mas inteiramente diferente em muitos pontos. Seguir o passado é limitar-nos às menores realizações do passado e assim impedir de alcançarmos o que há de verdadeiramente melhor no presente. O momento atual deve ser tratado de acordo com as necessidades do presente, sem darmos atenção ao que foi feito no passado. Há suficiente sabedoria à mão, agora, para resolver todos os problemas do momento presente, se fizermos uma aplicação completa e prática desta sabedoria. Aquele que só vive no presente, vive uma vida maior, mais feliz, muito mais útil, isto é, perfeitamente natural, porque ele não desperdiçará suas forças sobre o passado ou futuro, mas concentrará toda a sua vida, todo o seu poder, toda sua capacidade naquilo que está procurando fazer agora; será o melhor hoje, porque dará o melhor que tem à vida de hoje, e aquele que for o melhor hoje, será ainda superior amanhã.

Nunca devemos nos queixar, nem criticar ou condenar, mas receber todas as coisas numa atitude mental construtiva. A mente crítica é destrutiva e com o tempo se tornará inteiramente incompetente até para executar uma crítica lógica. Queixar-se de tudo é pensar constantemente no lado inferior de tudo, imprimindo assim a inferioridade na mente. Isto fará todo o processo mental tornar-se inferior; por conseguinte, a retrogradação do homem resultará disso inevitavelmente. Recusar a nos queixar a respeito de algo, a queixa nunca corrigiu ou corrigirá o erro. Quando procuramos obter justiça por meio da queixa, ganhamos temporariamente algo em um ponto e perdemos permanentemente outra coisa em outro; além disso, prejudicamos nossa mentalidade. É fato que, quanto mais nos queixarmos, piores serão as coisas; e mais adversas e inferiores serão as coisas que nos sucederão amanhã. A razão disso é simples: a mente que se queixa atrai o baixo e comum e o espírito crítico desce diretamente à fraqueza e inferioridade. Entretanto, devemos nos lembrar que há uma notável diferença entre a atitude crítica e a discriminadora.

Quando as coisas não estão bem, devemos dizê-lo, mas não devemos tomar uma atitude mental de tristeza e sofrimento; os fatos devem ser expressos com firmeza, porém delicadamente e sem a menor expressão de mau sentimento ou condenação; discriminar simplesmente entre o branco e o preto e expor os fatos, não devendo haver qualquer tom ofensivo em vossa voz. O que dizemos é importante; até a própria verdade pode ser expressa de modo que ofenda, prejudique e destrua; entretanto, essa não é a verdadeira expressão. É a verdade mal dirigida e sempre produz resultados indesejáveis. Expor nossas necessidades de um modo amigável não é queixar, porém quando há expressões ofensivas e que ferem na nossa voz, estamos fazendo queixa e prejudicando a nós mesmos; além disso, estamos produzindo impressões desfavoráveis naqueles com os quais entramos em contato. É muito melhor ter fé nas pessoas do que criticar e lastimar-se, embora as coisas pareçam ir mal, portanto, quando temos fé nas pessoas atraímos, finalmente, aquelas que estão de acordo com os sentimentos de nosso coração e estão em condições de fazer as coisas como desejamos vê-las feitas. Em vez de queixas ou afirmações que há sempre algo errado, devemos viver constantemente na forte fé de que tudo está eternamente saindo bem; assim nos colocaremos em harmonia com as leis que podem fazer tudo ir bem e o farão. Isto não é sonho vazio, nem teremos de esperar muito para obter resultados. No próprio dia em que estabelecermos a fé em lugar das queixas, críticas e desconfiança, a maré mudará;

as coisas mudarão para melhor no mundo e continuarão a melhorar perpetuamente.

Faremos o melhor uso de toda ocasião, e nada mais que oportunidades se apresentarão em nosso caminho. Aquele que faz sempre o melhor, atrairá o melhor de todas as coisas e é sempre uma oportunidade encontrar o melhor.

Há ocasiões que parecem indignas e a pessoa comum pensa que está gastando o tempo ao passar por esses estados, porém por mais indigna que pareça a ocasião, aquele que faz o melhor emprego dela, enquanto passa pela mesma, obterá algo de valor real dela; além disso, a experiência terá valor excepcional, portanto, ao procurarmos mudar uma ocasião para o lado bom, voltamos tudo o que está em nós para o lado bom. A pessoa que faz o melhor emprego de toda ocasião está desenvolvendo sua mente e fortalecendo o próprio caráter diariamente; para essa pessoa toda ocasião se tornará uma oportunidade e, por conseguinte, a colocará em contato com o mundo maior de oportunidades. Muito reúne mais e muitas pequenas oportunidades logo atraem diversas oportunidades maiores; então vem a promoção, o progresso e o crescimento perpétuo. "Aquele que tem lhe será dado." Todo acontecimento tem o poder de aumentar nossa vida e a aumentará, se fizermos o melhor uso do que tem para dar; isto constantemente aumentará o poder de nossa vida, o qual nos levará a ocasiões maiores e melhores oportunidades do que conhecemos antes, faremos o melhor emprego de tudo o que se apresenta em nosso caminho; coisas maiores se seguirão positivamente; esta é a lei, e aquele que aplica diariamente esta lei tem um brilhante futuro diante de si.

Nunca façamos oposição a qualquer coisa, quer em pensamento, quer em atos, não viver na atitude que não resiste ao mal, mas na que está positiva e continuamente dirigida para o bem. Dar nossa energia àquilo a que resistimos, é dar vida à própria coisa que procuramos destruir. Resistir ao mal é aumentar o poder do mal, e ao mesmo tempo tirar a vida e o poder do bem que desejamos desenvolver ou promover. A mente contrária desenvolve a aversão em si mesma e assim se torna tão desagradável como a coisa desprezada, frequentemente mais ainda, e não podemos esperar ser levados aos mais agradáveis elementos do ideal, se nos tornarmos cada vez menos ideais. Viver numa atitude antagônica é perpetuar um processo destrutivo na mente e no corpo, e ao mesmo tempo sofrer uma constante perda de energias. Portanto, não podemos nos fazer antagonistas em qualquer época, nem mesmo ter indignação justa, por maior direito que tenhamos para isso, embora seja bom lembrar que a indignação nunca pode ser justa.

Há numerosas mentalidades que têm o hábito de sentir um rancor íntimo contra as crenças ou sistemas de pensamento que não podem aceitar. Frequentemente não pode haver base lógica para esse sentimento. Em muitos casos é simplesmente hereditário, ou o resultado de preconceito sem fundamento; entretanto, está presente e está realmente solapando a vida e o poder da mente quem o tem. Esse hábito é, pois, responsável por tanta fraqueza mental, incapacidade e insucesso resultante. E como tudo o que tende a diminuir a vida e o poder do indivíduo tende a encurtar-lhe a vida, assim como diminuir o valor e utilidade da mesma, é evidente que não podemos mostrar sentimento de rancor para com qualquer religião, crença, doutrina, partido ou pessoa; prejudicamos a nós mesmos fazendo assim e não aumentaremos o bem-estar ou a felicidade de quem quer que seja.

Estamos em condições amigáveis com todo o universo e temos sentimentos bons para com todas as criaturas existentes. Deixemos os males da vida perversa morrerem; deixai "os mortos enterrarem seus mortos". É nosso privilégio promover o maior bem que conhecemos; e quando doamos todo nosso tempo e atenção é mais alta a realização do maior bem, o mal morrerá por si mesmo. Isto é o que quer dizer vencer o mal com o bem, e é o único caminho perfeito da libertação, tanto para o indivíduo como para a humanidade. Se desejamos servir a humanidade, não combater os sistemas, as doutrinas, os métodos ou crenças, sejamos uma inspiração para os homens, ***vivendo*** realmente de acordo com o melhor que conhecemos.

Citaremos a este respeito o seguinte exemplo:

Nada há inteiramente mau

Quando o inimigo se apresentar como uma onda, o Espírito do Senhor o porá em fuga.
Isaías, LVII, 19

Maior é aquele que está em vós do que aquele que está no mundo.
João, IV, 4

Todo poder me é dado no céu e na terra.
Matheus, XXVIII, 18

Quando o senhor Hélio (nome fictício adotado) *veio ver-me pela primeira vez, em meu consultório, disse-me que não tivera um só dia de boa sorte nos últimos dez anos. Já faz uns oito anos que isso ocorreu. Há poucos dias, ao encontrá-lo novamente, estava tão sorridente como o nascer do sol em certos dias e sua alegria era tão natural como a da criança em seus folguedos. "A maior brincadeira", disse ele, "fora a de ter pensado que tivera alguns inimigos realmente".*

Inimigos, disse ele, *são como pequenos buracos no caminho que nos obrigam a tomar cuidado na direção do carro. Sabemos que é possível desviar o carro dos buracos do caminho e assim evitar um choque ou ruptura do pneumático. Podemos pular por cima dele e receber o choque sem arrebentar o pneumático. Podemos ainda cair nele, receber o choque, arrebentar o pneumático e talvez traumatizar um braço. Aquele que guia o carro é que deve evitar os buracos. É Doutor, o automobilista pode fazê-lo sempre e não permitamos que nos afirmem o contrário. A pessoa que está no volante tem a possibilidade de escolher. Pode passar por cima do buraco, desviar-se deles ou, melhor ainda, se o buraco estiver num caminho em que tenha de passar sempre, tapá-lo, enchê-lo. O mesmo acontece com os inimigos, se forem da espécie humana. Sempre que tivermos um inimigo, poderemos fazê-lo amigo.*

Sei que alguém dirá que não podemos fazer tudo para adquirir amigos. Sei que podemos e não precisamos ir dizer aos outros a menor palavra a respeito; tudo o que devemos fazer é assentar-nos calmamente e fazer o melhor que pudermos para encontrar um lado bom nesse inimigo. Sim, Doutor, é questão de um pouco de boa vontade. É fato que todos têm alguma coisa de bom e podem determinar isso, se quiserem fazê-lo. Os pensamentos são coisas. Não podemos procurar o lado bom de nossos inimigos sem pensar bem neles e, é tão certo como o dia se segue à noite, que, quando tomamos interesse, apesar de nossa antipatia, ao procurarmos encontrar o Grão de Ouro no caráter – fico profundamente interessado nesse ato, e ao fazê-lo, nossos pensamentos se dirigem, como flechas, diretamente ao inimigo e o fazem retribuir-nos com bons pensamentos. Isto é coisa que produz resultados, pois experimentei. Isto é o que quer dizer deixar o Espírito, o Espírito de Retidão, vencer uma multidão de inimigos. Não é coisa difícil. É coisa divertida fazê-lo, desde que tenhamos interesse real nisso e digo-lhe que ***compensa, compensa muito****.*

Estás rindo de meu entusiasmo, porém se o senhor lançar um olhar para alguns anos atrás e se lembrar do primeiro dia em que nos vimos no seu consultório, estou muito diferente. Eu acusava violentamente meus inimigos e me dissestes que, se eu quisesse completar minha ruína mental, moral, física e financeira, era só continuar no meu modo de agir. Que todo mau pensamento que eu emitia era uma flecha que, pela lei da atração – uma coisa trazendo outra que lhe é semelhante – é obrigada a voltar para mim e afligir-me de um modo idêntico ao que desejar aos meus inimigos, além de que esta flecha iria voltar-se para mim com sua força mil vezes maior, pois meus pensamentos teriam sido dirigidos a mil inimigos.

Naquela ocasião, não compreendi as coisas dessa forma. Era uma espécie de alívio para meus sentimentos ofendidos, pensar em vingar-me dos que me haviam prejudicado. Naquela época, vossos ensinos me pareceram ser contrários à ***lei da justiça****. Não podia compreender a razão pela qual um homem que era traidor, intrigante e ladrão real não havia de sofrer castigo pelos seus maus atos. Achava-me irritado contra aqueles que me haviam prejudicado e certamente me pareceu que todos os outros homens deviam saber os fatos e conhecer quem tinha razão, quem não a tinha. Porém, dissestes que, castigando meu inimigo, não tirava proveito nenhum para mim. Refleti sobre isso durante muito tempo e, afinal, compreendi que* ***não*** *tirava proveito nenhum em expor a fraude. Depois, na primeira ocasião em que me escrevestes, dissestes-me, fosse qual fosse a aparência exterior, atrás desta manifestação e agindo por meio dela, estava o poder capaz de realizar o meu maior bem se eu,* ***primeiramente em pensamento****, depois nos meus* ***atos****, me harmonizasse com o poder invisível. Dissestes-me que harmonizar meu pensamento era como que derramar óleo sobre água agitada. Meus pensamentos harmoniosos venceriam os pensamentos prejudiciais daqueles que procurassem prejudicar-me, e, para esclarecer vossas afirmações, acrescentastes: "Quando em nossa mente deixarmos de acusar alguém de ter más intenções contra nós, cortarás de certo modo o dente da serpente e lhe tirarás o poder de lhe prejudicar". Jesus nunca expôs uma ideia mais científica do que quando disse: "Amai a vossos inimigos e fazei bem aos que vos querem mal".*

Isto não quer dizer que devemos ter a afeição fraca ou sem vida de que muitos se gabam, a aceitação resignada das injúrias e nos considerarmos interiormente um mártir de amor. Nada disso; se, ao procurar o bem de nossos inimigos, nos julgarmos ser mais justos do que eles, nada ganharemos em ter desviado a flecha do ódio, pois roubamos todas as nossas boas obras da capacidade de beneficiar.

O que devemos fazer é provar a nós mesmos – e tendo nos convencido, não precisar convencer os outros – de que nosso inimigo não é inteiramente mau. Com efeito, ele tem dentro de si aquilo que, sendo cultivado em nossa mente, se tornará tão belo que seremos incapazes, verdadeiramente incapazes, de ter em conta aquilo que consideramos suas más qualidades.

Sim, Doutor, isso é exatamente o que me escrevestes quando eu me achava desesperado, com a saúde abalada, a mente perturbada e o bolso vazio, sem esperança de me levantar outra vez. Saí dizendo a mim mesmo que vossos ensinamentos eram só palavras. Só serviam para serem praticados pelos velhos, porém não por homens práticos como eu, que estava sofrendo a miséria da mais completa ruína.

Outra coisa que me disseste e me impressionou bastante, apesar de tudo o que me foi possível fazer para tirá-lo de minha memória foi: "Hélio, nenhum homem é tão velho para começar de novo. Não me preocupo se tu dizes que não tens um real com que começar. Sempre ganhastes um real, possuístes um real, portanto sabeis a que o real se assemelha, como se parece, que ideia lhe dá, o que podes fazer com ele. Lembra da nota de um real, ela tem um beija-flor. Hélio, feche os olhos e pense, pense, pense nesse real. Admiro-me se, como a maioria, não dissestes às vezes: "Não gosto de dinheiro. É a fonte de todo o mal. Só aprecio o dinheiro pelo que posso fazer com ele". Ora, Hélio, dizer tal coisa? Volte então para a ideia de que **DEUS É TUDO! DEUS É TUDO!** *Então, em nome do bom-senso, se Deus é tudo, que é o dinheiro? Que é a nota de um real em que estais pensando. A nota que traz um beija-flor, com as admiráveis inscrições que apresenta? Com sua promessa, PAGAREI, em belas letras, a vossa vista mental. Que é, pergunto, que é? Se Deus é tudo, amais a Deus e odiais o real, condescendendo apenas em empregá-lo pelo que pode ser feito com ele".*

"Hélio, este real é uma parte de Deus ilimitado, do Deus inesgotável que produz toda expressão; é uma de Suas expressões, Sua substância, criada por Sua inteligência e posta em circulação por Seu poder. Percebes o ponto importante? Hélio, este real é

vosso amigo, que vos é dado pelo seu amigo absolutamente fiel, o próprio Deus. É uma parte de seu todo, um dos frutos que pendem dos ramos da árvore. Sois um ramo dela, o real que mentalizas é parte do fruto. Teus amigos são mais frutos. Adquire amigos, Hélio. Se não puderes tê-los de outra maneira, vai trabalhar e adquiri-los em tua mente. Seja de novo criança por alguns momentos e brinque o jogo científico de ***fazer crer****. Finja acreditar que tens amigos e que todo inimigo que você tiver, voltou para ti um rosto radiante de amor real e espere o resultado. FIQUE NA EXPECTATIVA, ATENTO. Com a mesma certeza que o dia segue a noite, ponha em movimento uma onda de bens que arrastará consigo os últimos vestígios de má sorte. Tua fortuna estará feita. Experimente, Hélio. Nada vai te custar experimentar meu plano. O jogo lhe dará ao menos uma felicidade momentânea. Desde que lhe dê prazer por um pouco de tempo já vale o esforço, e se achares por algum tempo que ele lhe agrada, continue a praticá-lo, dedique mais tempo a este trabalho admirável da mente. Sei que não podes empregar sua mente desta forma sem executar seus pensamentos com atos de natureza semelhante. E os homens pagam os bons atos que você praticar, pois eles são SERVIÇOS prestados."*

Sim, Doutor, isso é o que me dissestes e aqui estou agora, sendo o homem mais atraente do lugar onde resido. Sou feliz, próspero e um tanto mais sábio do que quando vi o senhor pela primeira vez há uns dez anos. Possuía então uma lojinha e pensava tristemente que a única coisa que me era possível fazer nas circunstâncias em que me achava era apresentar falência voluntária. Hoje estou na mesma loja em que emiti o pensamento. Conservei sempre em atividade este pensamento e aos poucos os negócios foram aparecendo, de forma que parecia um canal aberto que se foi alargando até que tive que aumentar a loja. Comprei outras casas para aumentá-la, até a época atual tive de aumentar diversas vezes a loja e ainda os negócios crescem. Hoje tenho vinte fregueses onde só tinha um. Estes fregueses vêm de outros lugares para comprar coisas que dizem serem mais baratas ou de melhor qualidade em meu negócio, e sou feliz, tenho saúde e prosperidade. O pensar reto dá êxito, o pensar errôneo leva à ruína. Pensar com retidão, não custa um centavo e produz grandes dividendos.

CAPÍTULO IV

A BASE DO PENSAR IDEAL

Mas buscar primeiramente o seu reino e a sua justiça, e todas estas coisas nos serão acrescentadas.

O reino do Supremo Arquiteto do Universo, DEUS, é um reino espiritual que se acha dentro do homem e se manifesta nele como vida espiritual. Sua justiça é o uso reto de tudo o que se acha nos elementos da vida espiritual.

A vida espiritual sendo a vida completa, a expressão perfeita da vida no corpo, na mente e na alma, é evidente que o emprego justo da vida espiritual produzirá e trará tudo o que o homem pode precisar ou desejar.

A fonte de tudo tem o poder de produzir tudo, desde que o poder interno dela seja empregado de acordo com as exatas leis espirituais. A vida espiritual sendo a fonte de tudo o que é necessário para uma vida perfeita e completa, e o reino interno sendo a fonte da vida espiritual, podemos facilmente compreender por que o reino deve ser procurado primeiro, assim como por que tudo o que precisarmos será acrescentado quando nosso primeiro pensamento é dado à vida espiritual, ao pensamento ideal e à ação justa.

A ação justa não denota apenas um ato moral, mas sim o emprego exato dos elementos da vida em todos os atos.

O reino do Supremo Arquiteto do Universo, DEUS, é o lado espiritual de todas as coisas. Este lado está dentro do lado visível ou manifestado, isto é, tudo está cheio de algo íntimo mais fino, que é perfeito e completo. Todas as partes do mundo exterior contêm um mundo interior, e tudo o que aparece no mundo exterior é uma expressão ou manifestação parcial do que existe em estado perfeito e completo no mundo interior.

Esse mundo interior é o reino acima referido, e como é inesgotável em todos os sentidos do termo, não há nada que não possais receber, quando aprendeis a receber as riquezas desse vasto reino interno.

Na vida do homem, encontrais os reinos externo e interno; a vida pessoal no exterior e a grande vida espiritual no interior.

O que aparece no mundo exterior do homem, isto é, na sua existência pessoal, é o resultado do que expressou de seu mundo interior.

Conforme uma das melhores leis metafísicas, expressamos aquilo de que temos consciência. Compreendemos assim com clareza por que o homem pessoal ou seu mundo exterior é resultado direto daquilo de que adquiriu consciência em seu mundo interior.

O homem é o que é no exterior porque procurou os elementos correspondentes no interior, e pode mudar o exterior conforme seus desejos, procurando primeiramente no íntimo as qualidades e atributos que desejar.

Procurar e encontrar o íntimo é fazer-se consciente do íntimo, e o que é assim procurado e encontrado, se expressará na vida pessoal; porém seu valor real depende de que seja ou não convenientemente empregado.

Procurar o riquíssimo reino interno é o primeiro ponto, e proceder ao emprego justo dessas maiores riquezas é o segundo ponto, que é tão importante como o primeiro.

Para pensar sempre em primeiro lugar no grande reino espiritual, não é necessário retirar a atenção do mundo exterior, nem recusar as boas coisas que nele existem. Procurar primeiramente o reino é dar nossos pensamentos mais importantes à vida espiritual, dar em tudo o que faremos a predominância ao pensamento espiritual, isto é, vivermos tão unidos ao reino espiritual interno que tenhamos completa consciência do mesmo a todo o momento e dependermos absolutamente do poder supremo para nos levar no caminho que desejamos seguir.

Para procurarmos primeiramente o reino, o nosso coração deve estar concentrado no espírito, de modo que o desejo predominante seja o de vivermos numa perfeita compreensão da vida interna do espírito.

Contudo, nossa concepção mental da vida espiritual não deve ser estreita, mas conter a perfeição de tudo o que possa talvez aparecer na vida.

Pensar na vida espiritual como sendo diferente da mente e do corpo, é impedir que os elementos da grande vida interior se expresse na mente e no corpo, e não é possível viver aquilo que não se expressa em nós. A vida espiritual em seu sentido mais extenso, deve ser inteiramente vivida na mente e no corpo.

O poder espiritual deve animar todos os outros e a lei da ação espiritual deve ser a regra e diretriz em todos os atos. Quando vivemos completamente no reino espiritual, a riqueza, qualidade e valor das coisas espirituais serão expressas em toda nossa vida.

Há muitas mentalidades no mundo atual que reconhecem o grande valor das forças espirituais e que encontraram em alto grau as riquezas espirituais, porém nem sempre procuraram a sua justiça; por essa razão, as riquezas espirituais lhes foram inúteis e até frequentemente lhes tornaram obstáculos na vida de bem-estar e desenvolvimento pessoal.

A justiça real é um viver reto e um pensar exatamente científico, isto é, expressarmos corretamente tudo aquilo de que agora temos consciência. Ser justo não quer dizer apenas ser moral, fiel e reto, mas sim viver em harmonia com todas as leis físicas, mentais e espirituais.

Viver em harmonia com a lei física é nos adaptarmos bem a tudo o que há no mundo exterior; é não resistir à força exterior, mas empregar construtivamente toda força externa de modo que haja um perpétuo desenvolvimento físico. Estarmos em harmonia com as leis mentais é pensar sempre de um modo científico, isto é, pensar certo a respeito de tudo e ver tudo sob o ponto de vista universal.

O pensar científico é o modo de pensar que faz todas as forças mentais trabalharem constantemente para coisas maiores. Estar em harmonia com as leis morais é viver em completa pureza, porém a verdadeira pureza consiste em fazer as coisas em seu devido tempo, no lugar apropriado e com motivos justos e perfeitos; enfim, todos os atos que elevam e melhoram são puros. Tudo quanto abaixa, deprime e desanima é imoral e impuro.

Estar em harmonia com as leis espirituais é viver em constante contato consciente com o lado íntimo e superior de tudo. Aplicar as leis espirituais é procurar primeiramente o lado espiritual, seja qual for o objeto em vista; é procurar primeiro o lado espiritual e íntimo de tudo, dar predominância ao pensamento espiritual e permanecer constantemente na atitude espiritual. Entrar na atitude espiritual quando penetrarmos no plano superior da mente e dirigir nossos pensamentos para o modelo ideal que é criado à semelhança do Supremo Arquiteto do Universo, DEUS.

Em resumo, ser justo é viver em harmonia com o lado exterior da vida, pensar na verdade, viver na pureza real, permanecer nas alturas espirituais e dar completa expressão ao que há de mais elevado e melhor em nossa consciência. Agindo dessa forma, expressaremos de um modo justo e perfeito, tudo o que encontramos no reino interno. Entretanto, a retidão não é uma mira definida, mas apenas um processo de desenvolvimento de toda a entidade humana.

O homem ∴ reto é justo e perfeito até o ponto atingido na escala da evolução; a sua retidão, porém, não se limita ao lado moral, mas depende da observância das leis físicas, morais e mentais.

O homem ∴ justo e reto não é fraco, nem doente, nem desordenado, nem discordante. Esta é uma grande verdade que devemos ter sempre presente ao espírito. A doença, a fraqueza, a discórdia e todas as más condições provêm da violação da lei em qualquer ponto da vida humana, porém o homem ∴ reto não viola lei alguma. É fiel à vida até o ponto que atingiu na escala evolutiva.

Ser reto no sentido absoluto do termo é empregar tudo em nosso mundo atual como Supremo Arquiteto do Universo, DEUS, o emprega em seu mundo, isto é, em harmonia com sua própria natureza, em harmonia com sua esfera de ação e em harmonia com a lei que sempre impele para frente e para cima. A ação reta é a que sempre é harmoniosa e sempre age para coisas melhores, maiores e superiores.

A maioria das mentes que se despertaram à realidade do lado espiritual das coisas já encontraram a abundância de boas coisas na extensa vida interior, já preparadas para se manifestarem na vida pessoal, porém como eles negligenciaram a lei da justiça, a abundância permaneceu inativa no estado potencial e as coisas prometidas não foram acrescentadas.

Não perceberá claro a todos que todas as outras coisas sejam acrescentadas, quando procurarmos Seu reino e Sua justiça em primeiro lugar, porque estamos habituados a considerar o reino do Supremo Arquiteto do Universo, DEUS, como estando muito afastado e no qual só entraremos ao deixar o corpo; além disso, a justiça foi considerada simplesmente um modo de vida moral, justo, perfeito e honesto.

Porém, quando nos compenetrarmos de que o reino é o grande plano espiritual, que está em nosso interior, e de que toda sabedoria, poder, talento e vida provêm Dele, enfim, que tudo o que possuímos agora na mente, corpo e alma, e tudo o que haveremos de receber no futuro, deve vir desta mesma fonte, compreenderemos claramente por que o reino deve ser procurado em primeiro lugar.

Nada podemos obter sem nos dirigir à fonte, e o reino espiritual que está em nós, é a única fonte de tudo o que é manifestado na vida humana. Quando desejamos mais sabedoria e maior compreensão é evidente que podemos obtê-las apenas na iluminação mental e essa luz está dentro de nós. Entretanto, na consciência do iluminado mundo interno, **recebemos naturalmente mais luz.**

Fique iluminado em alto grau e assim alcance o poder de compreender perfeitamente tudo o que desejas, o que não poderia compreender anteriormente. Quando procuramos mais vida e poder, só podemos encontrar maior vida na vida eterna, e a vida eterna é a vida do espírito no reino interno.

Diz o Livro da Lei (Sagradas Escrituras): *"Aqueles que esperam no Senhor renovarão seu vigor"*. Esperar no Senhor é entrar na presença espiritual do infinito. Quando entramos na presença do Infinito, penetramos na vida dele e somos assim enchidos do supremo poder desta vida. Quando entramos no reino espiritual interno, entramos na consciência do Cristo e, nesta consciência, recebemos a vida mais abundante, porque estamos no próprio espírito da vida ilimitada do Cristo.

Quando procuramos a saúde, podemos encontrá-la no reino, porque no espírito tudo está sempre bem. Há um reino dentro do homem em que a saúde perfeita reina em supremacia, por toda a eternidade. Nesse reino reside a perfeita saúde e felicidade das coisas que ali se acham.

Ninguém que viva constantemente no espírito pode ficar doente, porque a doença não pode entrar no estado espiritual como a obscuridade não pode penetrar onde há absoluta luz.

Entrar no reino interno é entrar no plano da saúde, felicidade e harmonia no mais alto grau, portanto, procurando o reino, serão acrescentadas a saúde, a harmonia e a felicidade. Efetivamente, é impossível receber saúde, felicidade e harmonia, no verdadeiro sentido, de qualquer outra fonte. Porém, não basta procurar estas qualidades no reino. Devemos também procurar a justiça ou a expressão justa destas coisas.

Se empregamos mal qualquer órgão, faculdade, função ou poder do corpo, da mente ou da alma, não podemos continuar na saúde, por mais que procuremos viver no plano espiritual.

Entrar no reino interno é entrar no perpétuo desenvolvimento de poder, porque não há limite ao poder do espírito, e quanto mais consciência adquirimos do poder, mais fortalecemos nossa mente e nosso corpo. Por conseguinte, quanto mais espirituais nos tornarmos, mais fortes ficaremos, sendo mais aptos e mais competentes para realizarmos qualquer trabalho. Por outro lado, aquele que pode produzir bom trabalho no mundo, invariavelmente recebe as boas coisas do mundo. À sua vida serão acrescentadas todas as coisas que podem dar beleza e riqueza à existência pessoal.

Entrar no reino interno é entrar na vida de liberdade. Não há limitação no espírito e, ao nos desenvolvermos espiritualmente, nos libertamos da limitação. As condições contrárias desaparecem uma a uma até conseguirmos nos libertar inteiramente delas. Por conseguinte, quando procuramos primeiramente Seu reino e Sua justiça, encontramos a vida de completa libertação.

Há milhares de pessoas em nossa época que procuram desenvolver seus poderes e talentos, sendo de maior utilidade no mundo, porém se procurassem primeiramente o reino, encontrariam em si mesmas a fonte real de seu talento; e como o único meio de aumentar permanentemente uma coisa é aumentar a expressão de sua origem, compreender perfeitamente por que a grandeza só pode vir pela vida interna.

Devemos ter sempre em mente que expressamos aquilo de que temos consciência, porém não podemos fazer-nos conscientes de uma fonte maior de qualquer qualidade ou talento, se não entrarmos no espírito dessa qualidade ou talento, e como espírito de todas as coisas tem sua fonte de existência real no reino interno, devemos entrar neste mundo interior, se quisermos adquirir consciência em escala cada vez maior das coisas que desejamos expressar.

Poderá não nos parecer possível que alguém possa melhorar seu ambiente ou vencer a pobreza pela procura do reino em primeiro lugar, porém a verdade é que as más condições desaparecerão positivamente, logo que começarmos a viver de acordo com a completa vida espiritual.

A pobreza tem duas causas: a falta de capacidade e a má aplicação da capacidade. Para melhorarmos em qualquer grau nossa capacidade devemos despertar as forças do reino interno. Devemos aprender a receber das fontes inesgotáveis da vida interior e adquirir consciência da capacidade maior que está latente em nós. Isto se realiza procurando primeiramente o reino. Dando nosso pensamento principal e predominante ao grandioso mundo interior, nossa mente gradualmente entrará mais no íntimo da vida inteira.

Adquiriremos assim consciência dos maiores poderes íntimos, portanto a consciência sempre segue o pensamento predominante. Aquilo em que mais pensamos se desenvolverá em nós. Ao pensarmos mais no lado espiritual, a consciência seguirá nosso pensamento e penetrará mais na vida do espírito.

O resultado é que nos tornaremos conscientes de um reino espiritual cada vez mais vasto, adquiriremos consciência de uma maior capacidade, e visto sempre expressar aquilo de que temos consciência, desenvolveremos maior capacidade.

Assim, afastaremos a primeira causa de pobreza e nos colocaremos numa posição em que nossos serviços serão maiores, e quanto maiores forem os serviços pedidos, maior será a recompensa.

Há muitas pessoas que colocam mal seu talento, pois possuem considerável capacidade, porém não se acham no trabalho para o qual se adaptam e por isso não prosperam.

Podem ter sido forçadas a essa condições pela necessidade ou podem ter escolhido suas posições por um juízo inferior, porém ambas as causas podem ser mudadas, procurando primeiramente o reino.

Ao entrar no reino espiritual, tudo se esclarece. Não só ver nossos erros, mas se estivermos num lugar impróprio, entraremos na luz espiritual do reino íntimo e veremos claramente o lugar que nos pertence.

Se soubermos que estamos ou não no lugar conveniente, entraremos em comunhão com o reino espiritual. Viver constantemente no espírito e logo o saberemos; saberemos também como e quando mudar.

Entretanto, neste estado em que a vista é imensamente mais vasta, veremos oportunidades, ocasiões e possibilidades que nunca vimos, e veremos também quais poderemos aproveitar na ocasião.

Se formos forçados a um lugar impróprio pela necessidade, a vida mental mais vasta nos virá ao procurarmos em primeiro lugar o reino, nos dará o poder de receber algo melhor, e a sabedoria superior que vem pela luz do espírito vos guiará na escolha.

Em lugar da adversidade e necessidade constante, teremos paz, harmonia e abundância. O homem que luta contra a adversidade e se queixa da sorte, continuará na pobreza e necessidade. Permanecerá na obscuridade; será diariamente desviado do caminho e sempre fará as coisas fora de tempo. Viver assim é alimentar a infelicidade e a má sorte e permanecer continuamente na pobreza.

Entretanto, se a pessoa se puser em harmonia com seu destino atual, viver na alegria e compenetrar-se de que pode mudar sua infelicidade atual em **pedra angular** de coisas melhores, dirigindo então seu pensamento, em primeiro lugar ao reino, à grande vida e capacidade interna, aos poderes criadores da sua própria mentalidade, os quais podem criar-lhe um novo destino, bastando apenas apresentar-lhe um modelo melhor, os resultados permanecerão no estado mental, depois passarão para esperança de melhora, daí para a previsão de grandes mudanças próximas, e por último à fé em que estão sendo criados nova vida e melhores tempos.

Quando a pessoa começa a sentir intimamente que as coisas estão mudando, que se estão apresentando melhores dias e que o bem começa a acumular-se em sua vida, então a vitória quase está ganha. Com mais um pouco de fé e perseverança, chega o dia da vitória completa.

Desde esse momento, todas as coisas começarão a trabalhar harmoniosamente para cousas melhores e maiores, desde que a mente permaneça em constante contato com o reino espiritual interno, todas as leis da vida são empregadas de acordo com o mais alto ideal de retidão.

Entretanto, muitas pessoas caíram quando já estavam nas vésperas da vitória, por terem se esquecido do reino ao verem a mudança da vida. Dando seu primeiro pensamento aos proveitos materiais que esperavam obter, sua consciência foi desviada do espírito e se tornou confusa nas coisas que ainda não haviam sido colocadas na verdadeira ordem de desenvolvimento. O resultado é o desperdício de forças e a perda do domínio sobre os bens que começavam a dirigir para seu ambiente.

Ao ascender este caminho, devemos conservar os olhos fitos no reino, no espiritual, na vida íntima, superior e mais vasta. Quando as outras coisas nos são acrescentadas, não devemos esquecer o reino e pensar primeiramente nelas. Gozaremos muito mais dessas coisas, se continuarmos a dar o primeiro pensamento ao espírito. Isso é evidente porque, ao dar o primeiro pensamento ao espírito, tudo o que entrar em nosso mundo será espiritualizado, refinado e aperfeiçoado e assim receberá maior poder e valor.

Quando continuamos a dar o primeiro pensamento ao reino espiritual, as coisas que nos serão acrescentadas entrarão em nossa vida do melhor modo possível e receberemos o melhor que elas podem nos oferecer.

Quando nos achamos nas alturas, ocupamos o lugar que melhor nos convém e adquirimos o poder de criar, produzir e atrair da vida as coisas que correspondem às alturas. Sendo assim, vivendo nas alturas do reino espiritual, alcançamos tudo o que precisarmos, alcançamos o que há de melhor em tudo e nos acharemos no estado em que poderemos fazer melhor uso daquilo que recebemos e gozar mais profunda e perfeitamente o que recebemos.

Podemos desta forma compreender facilmente que, ao procurarmos constantemente o reino do Grande Arquiteto do Universo, DEUS, dando nosso primeiro pensamento à vida espiritual e procurando viver justamente de acordo com esta ideia ampla da justiça, todos os problemas da vida serão resolvidos.

Todos os caminhos tortuosos da vida se tornarão retos, os obstáculos desaparecerão, as circunstâncias mudarão para corresponder às nossas ideias e entraremos diariamente em uma vida melhor e em um estado de existência superior ao que conhecemos até agora.

Da mesma forma, podem ser resolvidos os problemas do mundo. A melhor coisa que podemos fazer pela humanidade é tornar clara esta lei, isto é, a lei que é necessário procurar antes de tudo Seu reino e sua justiça, seja qual for o grau de evolução do indivíduo.

Produzir um verdadeiro movimento espiritual na extensão mais vasta é fazer com que os males da humanidade desapareçam gradual e seguramente. É assim que nosso planeta deixará de ser um vale de lágrimas, para ser a expressão material do perfeito reino do Grande Arquiteto do Universo, DEUS.

A humanidade é o produto do pensamento humano, o ponto mais importante é levar a mente humana a pensar primeiramente no reino do Grande Arquiteto do Universo, DEUS, e na Sua justiça.

Para que o ideal se realize na terra é preciso dar toda a força do pensamento ao ideal. Para fazer que as coisas terrestres sejam ideais, é preciso que a base delas se apoie na força espiritual. Por outras palavras, todo pensamento formulado na mente deve ser animado por este primeiro pensar, o pensamento do reino interno e a completa expressão justa do mesmo.

Quando procuramos primeiramente o reino e sua justiça, todas as outras coisas nos são acrescentadas, não de um modo misterioso, nem por si mesmas e independentes de um esforço consciente para agirmos em harmonia com a lei da vida.

Receberemos do reino só aquilo de que estamos preparados para empregar na vida. Receberemos apenas na proporção em que iremos dar, e é trabalhando bem que produzimos grandes resultados; porém, entrando na vida espiritual, receberemos tudo o que podemos necessitar para dar quando quisermos, para fazer o que quisermos.

Adquirimos poder e talento para fazer tudo o que é necessário para dar valor e superioridade a toda a nossa existência.

Ao entrarmos na vida espiritual, ganhamos toda qualidade que é necessária para completar e dar valor à vida presente, e alcançamos o poder de produzir e criar no mundo exterior o que precisamos ou desejamos. Em outras palavras, recebemos de dentro tudo o que desejamos e alcançamos o poder de produzir tudo o que precisamos no exterior. Portanto, não haverá necessidade de nos preocuparmos com essas outras coisas. Procurando primeiramente Seu reino e Sua justiça, receberemos positivamente essas outras coisas. Assim nos abrirá o caminho da Sabedoria, Força e Beleza, com uma superioridade, onde teremos um abundante suprimento do que há de melhor na vida.

Confiando inteiramente no poder interno e pedindo a ele que expresse no plano material aquilo de que temos necessidade, ele o fará incontestavelmente.

Citaremos como prova mais um caso, escrito em uma carta para minha clínica particular:

Compra de uma residência

*A história do mundo pelo qual "o Pai faz as obras", quando algum filho lhe pede, é simplicidade e amor. "Não pela força, nem pelo poder, mas por meu espírito", disse o Senhor dos Exércitos (**Zach. IV, 6**).*

Quando visitei o senhor na sua Clínica pela última vez, entre outras coisas, conversei com o senhor do lugar em que residíamos e que não me julgava muito feliz ali. Era uma bela casinha nova, porém não havia árvores e nem pássaros: duas coisas que sempre me pareceram essenciais à minha felicidade e que desejei possuir ardentemente.

Naquela ocasião parecia difícil formar a ideia de mudar de residência, de modo que me dediquei a procurar estar satisfeita onde me achava, e embora não me revoltasse contra as condições existentes, entretanto esta aspiração íntima não estava satisfeita.

Nos dias que imediatamente se seguiram à nossa visita, essa minha aspiração íntima fez-se sentir mais intensamente do que anteriormente. Gravastes em minha mente a ideia de que vossos verdadeiros desejos vêm de Deus. Pensei muito nisto e, certa manhã, ao cuidar de meu serviço, minha consciência foi inundada pelo sentimento de sua realidade. Imediatamente sentei-me e pedi exatamente as coisas que minha alma aspirava: "Uma residência que tivesse árvores, pássaros e cômodos espaçosos". Esse pedido em si mesmo foi uma admirável experiência; foi tão natural e senti-me com tanta confiança e livre de responsabilidade como se tivesse chegado ao telefone e pedido à padaria que me mandasse um pão.

Nada disse a ninguém a respeito disto e nada fiz materialmente para consegui-lo. Alguns dias depois, um estranho bateu à nossa porta e perguntou ao meu esposo se nossa casa estava à venda, ao que ele respondeu que não. O estranho disse que desejava comprar aquela casa e pediu que a mostrássemos, ao que de bom grado aceitamos. Resultou dessa visita, que ele ofereceu ao meu esposo uma boa quantia se consentíssemos em vendê-la, ao que meu esposo dirigiu o olhar para mim à espera de resposta. Concordei em procurar uma casa e, se conseguisse encontrar outra que me agradasse, lhe cederíamos aquela.

Comecei então a compreender que era obra do espírito e recebi dele a sabedoria de não permitir que minha consciência pessoal interviesse. Conservei apenas um pensamento a respeito do assunto, isto é, que o "Espírito dirige". Com esta ideia consegui conservar-me fora do sentimento da responsabilidade pessoal, a tal ponto que, na manhã seguinte, achei-me no centro, pronta para agir, mas sem o menor plano. Tivemos extensas relações com uma excelente empresa de terrenos e propriedades e parecia que a melhor coisa a fazer seria dirigir-me para ela, porém nem mesmo pensei nisso. A única coisa que havia em meu pensamento era: "O espírito dirige".

Tinha de tratar de um negócio no banco, naquela manhã, e cuidei primeiro disso. O banco se achava num andar térreo de um edifício, cujos outros seis andares eram ocupados por escritórios e numerosas firmas que negociavam propriedades.

Parei um momento e então, sem razão consciente resolvi dirigir-me ao escritório que se achava mais no fundo do corredor.

O corretor me era estranho; nunca ouvira falar dele. Explicando-lhe o que pretendia, fiz-lhe ver que por melhor que o lugar fosse sob outros pontos de vista, se não tivesse "árvores, pássaros e cômodos espaçosos", não nos serviria, ao que ele pareceu divertir-se. Ao terminar nossa conversa, ele ficou silencioso por uns momentos e depois disse: "Muito bem, vamos descer e subir em meu automóvel, pois vou mostrar a sua nova casa".

Ali estavam as "árvores", que eram vivificadas pelos "pássaros", e havia belos "cômodos espaçosos"; era uma casa recém-construída, vendo-se ainda as ferramentas dos carpinteiros; havia tudo o que eu pedira e ainda mais. Sem dúvida, fiquei muito alegre. Meu esposo foi ver a casa na mesma tarde, compramos no dia seguinte e daí a uma semana nos mudamos. As pessoas que haviam comprado nossa residência ficaram satisfeitas como nós. Ambas as transações foram feitas com o menor dispêndio de tempo e energia.

CAPÍTULO V

PRIMEIROS PASSOS NO CAMINHO DA LIBERTAÇÃO

Perdoar a todos por qualquer coisa que seja em todas as ocasiões, independente de circunstâncias, é o primeiro passo para a libertação completa. Até agora, considerávamos o perdão como uma virtude; porém sabemos agora que é uma necessidade. Daremos nossos mais altos louvores aos que possuíram o espírito do perdão, e consideramos tais pessoas como sacrificadoras de si mesmas, no sentido mais real deste termo. Não sabíamos que o ato de perdoar é o modo mais simples de aliviar a própria carga. Conforme nossa concepção anterior do assunto, o homem que perdoa, nega a si mesmo um privilégio, o privilégio da indignação e vingança; por essa razão vamos considerá-lo um herói. Entretanto, conforme a nova ideia, o homem que perdoa não é melhor do que aquele que insiste em conservar-se limpo, portanto, na realidade, o ato de perdoar constitui simplesmente um completo banho mental. Quando perdoamos a todos todas as coisas, limpamos completamente nossa mente de todo pensamento errôneo ou de toda atitude mental contrária que possa existir em nossa consciência. Isto explica por que o perdão é uma necessidade e por que o homem que perdoa tudo se liberta de toda espécie de limitação. É, pois, proveitoso, altamente proveitoso, perdoar a todos, seja o que for que tenham feito, e isto também nos inclui a nós mesmos. É realmente tão necessário perdoar a nós mesmos como perdoar aos outros, e a razão principal pela qual o perdão pareceu tão difícil, é porque negligenciamos de perdoar a nós mesmos.

Não podemos abandonar o indesejado, enquanto não tivermos adquirido a arte mental de abandonar e para adquiri-la devemos praticá-la em nossas próprias mentes. Isto é, devemos aprender a deixar sair de nossas próprias mentes as coisas que não desejamos reter. Quando perdoamos completamente a nós mesmos, fazemos uma completa limpeza em nossa mentalidade. Abandonamos em nosso sistema mental tudo o que não é bom. Nos emancipamos completamente. Seja o que for que temos contra nós ou os outros, expulsamos agora inteiramente de nossa mente; sendo assim, somos libertados de nossas cargas mentais, e quando as cargas mentais desaparecem, todas as outras cargas também desaparecerão de nossa vida. Portanto, quando perdoamos a todos qualquer mal que conhecemos não mais conservamos o mal em nossa mente; afastamos assim todas as cargas e ficamos perfeitamente livres. Isto também inclui a doença, porque não é mais que um efeito temporário de um erro que conservamos mentalmente no sistema. Perdoar tudo a todos, inclusive nós mesmos, e toda doença desaparecerá em nosso sistema. À primeira vista, isto pode parecer uma afirmação espantosa, porém, é a verdade, e qualquer um pode provar que é verdade. ***"Como um homem pensa em seu coração assim é ele."*** Portanto, quando todo o mal é eliminado do coração do homem não pode haver erro no próprio homem, e todo erro é eliminado do coração que perdoa tudo a todos. Muitas pessoas afirmarão, entretanto, que não desejam mal a ninguém e, todavia, sofrem a mesma coisa. Assim pensam elas, entretanto, estão erradas e verão seus erros ao saberem a verdade sobre as leis mentais. Podemos nesta ocasião não desejar mal a ninguém, porém nossa mente nunca foi absolutamente pura e absolutamente livre de todo pensamento errôneo. Tivemos muitos desejos errôneos no coração e muitas ideias falsas. Conservar uma ideia falsa é conservar um mal no coração. Ter desejos falsos é conservar males contra nós mesmos, assim como contra outros. Acusar a nós mesmos, criticar a nós mesmos, sentir-nos provocados por nós mesmos, ou condenar a nós mesmos pelos nossos erros é conservarmos males contra nós mesmos.

Quando perdoamos tudo e ainda sofremos, podemos não acreditar que o perdão produza a libertação; porém, o fato é que o sofrimento é impossível quando o perdão é absoluto. Quando perdoamos completamente também eliminamos totalmente cada perturbação ou mal que possa existir em nosso mundo. Quando temos perturbação, perdoamos aos que causaram a perturbação; perdoamos a nós mesmos por nos deixar perturbar e nossa perturbação passará. Quando cometermos um erro, não nos condenemos, nem fiquemos magoados; apenas perdoemos a nós mesmos resolvendo nunca mais cometer esse erro. Ao tomar essa resolução, desejamos mais sabedoria e fé em que iremos obter a sabedoria necessária. "Conforme nossa fé, assim será." Há muitos que pensam que a prática de perdoar a todos, por qualquer coisa que seja, produzirá indiferença mental e assim enfraquecerá o caráter, porém é exatamente o contrário que acontece. Perdoar é eliminar o inútil, tudo o que não é bom; e libertar a mente dos obstáculos e más condições é habitá-la a ser melhor, a expressar-se perfeita e completamente. Isto não só fortificará o caráter e alargará a mente, mas também fará a grandeza da alma expressar-se. Há muitos caracteres que parecem ser fortes devido a sua franca hostilidade aos erros, porém esses caracteres nunca são fortes. Quase sempre se compõem de umas poucas ideias recebidas sobre a moralidade, apoiadas pela simples força animal. O verdadeiro caráter não expressa hostilidade e não resiste ou antagoniza, mas vence o mal dando todo seu poder para a construção do bem. Um caráter forte enfrenta o mal com indiferença; isto é, indiferença na aparência apenas. O verdadeiro caráter não sofre o mal por não se preocupar, mas sim por preocupar-se.

Preocupa-se e tem tanto cuidado que não gasta um só momento em prolongar a vida do erro; portanto, dá todo seu tempo e atenção a fortalecer tanto o bem que o mal se torna absolutamente impotente na presença deste bem. Nenhuma pessoa inteligente se oporia às trevas. Dando seu tempo à produção da luz, faz as trevas desaparecerem por si mesmas.

Quando se aplica o mesmo princípio o mal é eliminado, uma maravilhosa mudança para melhor vem para o mundo. Ninguém pode perdoar tudo a todos, enquanto não desejar o melhor de todas as pessoas e de todas as fontes. Por outras palavras, não pode perdoar o mal enquanto não desejar o bem. Portanto, o abandono do inferior e a apropriação do superior constituem um e mesmo simples processo mental. Não pode eliminar a obscuridade enquanto não produzir a luz, e é necessário apenas um só ato para afastar uma e produzir a outra. Por estes fatos é evidente que, ao se abandonar o erro, adquirimos cada vez maior poder que é reto, e assim aumentamos nossa força de caráter. Eliminando os estados doentios do corpo, aumentamos a força do mesmo e o colocamos em uma posição para maior desenvolvimento, se desejarmos promover esse desenvolvimento. Da mesma forma, eliminando os maus sentimentos, o ódio, os maus pensamentos e as falsas crenças da mente, aumentaremos o poder da mente e colocaremos toda faculdade mental em condições convenientes para um desenvolvimento superior. O mesmo efeito será produzido em nosso caráter e todas as mentes despertas sabem que a grandeza de nossa alma pode começar a expressar-se apenas quando tivermos perdoado completamente tudo a todos.

O homem que acha mais fácil perdoar do que condenar está nas vésperas da sabedoria superior e do mais alto poder espiritual. Entrou no caminho da real grandeza e pode elevar-se rapidamente na escala, aplicando as leis do verdadeiro desenvolvimento humano. Em vez de produzir fraqueza e indiferença, o ato de absoluto perdão produzirá um caráter mais forte, uma mentalidade mais brilhante e uma alma mais sublime. Experimentem por um ano este método. Perdoem tudo a todos, seja o que for que aconteça, e não se esqueçam de perdoar a vós mesmos. Concluirão então que perdão, o absoluto perdão, não só é o caminho de completa libertação, mas também a "entrada" a uma vida melhor, mais vasta, mais rica, mais bela do que conhecestes anteriormente. Notarão que podem remover instantaneamente a doença do corpo, a perversão e o erro da mente por completo e irrestrito perdão podendo, da mesma forma, criar novamente um ente novo e melhor, perdoar a imperfeição, e de coração e alma desejar constantemente a realização do perfeito. O imperfeito assim passará e o perfeito se realizará com abundância cada vez maior.

Seja qual for nosso lugar na vida, devemos eliminar toda carga da mente ou do corpo, se quisermos subir na escala, e o primeiro passo nesta direção é perdoar tudo a todos. Quando começarmos a praticar o perdão nesta escala extensa, veremos que os obstáculos desaparecerão uns após outros. As coisas que nos conservavam em posição inferior se desvanecerão e o que estava constantemente em nosso caminho não nos perturbará mais; nosso caminho será desembaraçado. Não teremos nada mais a questionar, e tudo na nossa vida se moverá branda e harmoniosamente para coisas cada vez maiores. Isto é perfeitamente natural porque, perdoando tudo a todos, deixaremos passar toda espécie de mal. Convidar todo o bem, e, portanto, povoar nosso próprio mundo de pessoas e coisas de acordo com nosso próprio coração. Pelo perdão perpétuo e completo, nossa mente ficará perfeitamente limpa. Nem uma só semente aparecerá no belo jardim de nossa mente, e enquanto a mente estiver limpa, nem a doença, nem a adversidade podem existir na vida humana. Esta pode ser uma afirmação muito forte, porém aqueles que experimentarem o princípio e continuarem a viver de acordo com ele verificarão que é uma verdade.

Visto que o perdão é uma necessidade para todos os que

desejam eliminar o menor e reter o maior, ou em outras palavras fazer real o ideal, será altamente importante apresentar os métodos mais simples pelos quais qualquer um pode aprender a praticar esta grande arte.

Dissemos que conhecer tudo é perdoar tudo; porém a ninguém é possível saber tudo. Portanto, se quisermos perdoar absolutamente, devemos seguir linha diferente. Quando perguntamos a nós mesmos por que as pessoas vivem, pensam e agem como o fazem, nos colocamos diante da grande lei de causa e efeito. Em nosso estudo desta lei, achamos que cada causa é um efeito de uma causa precedente, e que a causa precedente é também efeito de uma causa ainda mais remota. Podemos continuar a traçar estas causas e efeitos até muito longe na cadeia de acontecimentos indo perder-nos na distância do passado; porém, o que aprendemos por esse processo de análise? Nada absolutamente. Deixamos de encontrar algo definido a respeito de alguém, e, por conseguinte, não podemos fixar a acusação por qualquer coisa; porém não é possível acusar alguém justamente se não pudermos fixar o motivo da acusação. Portanto, só temos uma alternativa: perdoar. Nunca podemos encontrar a causa no indivíduo, porém ao descobrir a influência do ambiente, hereditariedade, o treino primitivo, não podemos acusar inteiramente o indivíduo. E acusar os pais, deveremos encontrar a razão por que esses pais não eram diferentes, também por que as gerações precedentes não eram diferentes. Se aceitarmos a teoria de que o indivíduo viveu antes e veio ao ambiente atual, porque era o que era em um estado precedente da existência, deveremos explicar por que ele não viveu uma vida diferente naquela outra existência; por que agiu desse modo no passado que merecesse a adversidade e a fraqueza no presente. Se não teve melhor conhecimento no passado, qual é a razão pela qual não conheceu melhor? Se aceitardes a crença que todos herdamos nossas tendências de Adão e Eva, devemos explicar por que essas duas almas não eram bastante fortes para se elevarem acima da tentação. Se foram tentadas, devemos explicar o porquê; devemos explicar por que o homem original, que foi criado à imagem e semelhança de Deus, não expressou sua divina natureza no meio da tentação. Porém, não há meio algum pelo qual possamos explicar essas coisas; portanto, fixar a acusação por qualquer coisa é absolutamente impossível.

Quanto mais procuramos encontrar a causa original de algo, mais nos convencemos de que procurar o pecado ou a causa do pecado não é mais que perder tempo. Todo indivíduo em si mesmo é uma causa, e a vida dele entra constantemente em contato com numerosas outras causas; portanto, nunca é possível dizer qual dessas causas ou combinações destas causas produziu a ação original. Atrás de toda ação encontramos outras ações que nos levam àquela que agora podemos considerar, porém não sabemos como essas outras ações eram produzidas. Traçá-las para sua fonte original simplesmente nos leva ao que parece ser um começo sem começo. Por esta razão é a suprema razão deixar que os "mortos enterrem os mortos", abandonar o passado, perdoar todo pecador e perdoar todo pecado, e empregar nosso tempo, talento e poder para construir os mais altos templos no grande presente eterno. Procurar o que acusar é descobrir que todos somos mais ou menos merecedores de acusação, e também que não há em lugar algum base fixa para acusação. Podemos perguntar então o que haveremos de fazer com este grande assunto; haveremos de falar, expor teorias, especular, condenar e punir? Conhecemos muito bem que tudo é desperdício de tempo. O verdadeiro caminho a seguir é perdoar tudo a todos, esquecer os males, erros, falsidades, memórias desagradáveis e nos pôr a empregar as leis da vida que agora compreenderemos no fazer a vida melhor para todos, desde este momento.

O homem que habitualmente faz o mal é mental ou moralmente doente. O castigo é um desperdício de tempo; além disso, é absolutamente errôneo, e um erro não pode afastar outro. Tal pessoa deve ser levada a um lugar em que possa ser curada e ser conservada ali até que esteja boa. Não deveis odiá-la, nem condená-la, da mesma forma que o não fazeis para aqueles que estão fisicamente doentes. A doença é doença, quer esteja no corpo, na mente ou no caráter e aquele que está doente não precisa de prisão; precisa de um médico. Para afastar completamente o ódio dos maus que há no mundo, devemos cultivar uma ordem superior de amor que ama todos os seres vivos com o verdadeiro amor da alma, e esse amor é facilmente alcançado quando nos treinamos em procurar a alma ideal da vida que existe em tudo o que há no mundo. Esta ideia pode fazer muitos chegarem à conclusão que o ato de perdoar os maus terá maus efeitos sobre a sociedade, pois seremos levados a deixar as pessoas em geral fazerem como lhes apraz, porém estamos inteiramente enganados. A razão declara que não podemos acusar injustamente quem quer que seja, e o amor não deseja acusar ninguém; o perdão deve, portanto, seguir-se inevitavelmente quando a razão e o amor são verdadeiramente combinados; porém a razão e o amor nunca permitirão o homem em geral fazer como lhe agrada. Quando se ama as pessoas, não somos indiferentes sobre o futuro delas. Não desejamos que elas se degradem. Desejamos sim que estas pessoas se aperfeiçoem, que elas façam o justo e o melhor e faremos tudo o que pudermos para libertar e elevar todo o gênero humano. A razão compreende como as leis da vida podem ser aplicadas na produção dos resultados que temos em vista; portanto, os desejos do amor podem ser executados por meio da inteligência e da razão, e assim todo propósito superior pode ser promovido pelo espírito reto e os métodos convenientes. Outros podem declarar que esses métodos estão muito adiantados para nosso tempo e não podem ser executados no presente; portanto, é inútil até mesmo falar sobre ele.

Entretanto, seja como for, permanece o fato de que o perdão é uma necessidade da verdadeira vida, da vida emancipada, da vida superior e ideal. Por esta razão, toda pessoa que deseja realizar o ideal neste mundo deve começar a praticar o perdão absoluto imediatamente. Se podemos perdoar tudo a todos agora, deveremos fazê-lo, quer o mundo em geral possa fazê-lo ou não. O homem que deseja progredir não deve esperar o gênero humano. É privilégio dele caminhar adiante dos outros; assim ele prepara o caminho para milhões.

Quando demonstrar pelo exemplo que há melhores meios de viver, a humanidade o seguirá. O que os poucos podem fazer hoje, os muitos farão amanhã, porém, se os poucos esperam até amanhã, a multidão terá de esperar até o dia seguinte ou talvez ainda mais tempo. Seja o que podes ser agora. Faça o que podes fazer agora, por mais adiantadas da época que sejam essas ações. Se sois capaz de maiores coisas hoje, deveis ao gênero humano a prova das mesmas agora. Viestes da humanidade. Sois composto dos elementos mais finos que existem no gênero humano, e deveis considerar um privilégio fazer esses elementos brilharem o mais possível; e uma das maiores demonstrações desta época é a de absoluto perdão, a demonstração do poder de perdoar tudo a todos em todos os tempos e sob todas as circunstâncias possíveis. Portanto, concluímos que nossa emancipação completa de tudo o que não é desejado na vida só pode ser realizada quando perdoarmos absolutamente neste grande sentido universal; e quando perdoarmos tudo a todos, então poderemos dizer como o grande Mestre Mental e Senhor dos Mundos: "Meu jugo é leve e minha carga fácil".

O fato seguinte constitui a experiência de um homem que se colocou em condições de necessidade para provar a lei que o libertaria dela.

Descreverei um fato do Sr. Wilson (nome adotado pelo autor), no qual relata um fato ocorrido em sua vida:

Como encontrou uma posição quando tinha apenas dez centavos

Podeis ter tudo o que precisais, desde que saibais exatamente aquilo de que tendes necessidade, precisais urgentemente, espereis confiantemente obtê-lo, determineis persistentemente consegui-lo e estejais disposto a pagar o preço de sua consecução.

Estas palavras constituem uma mensagem de Deus à humanidade, expressa por muitos profetas, sábios ou videntes e o essencial da mensagem apresentada por uma multidão de mestres que, sob formas diversas, estão dando à verdade uma nova importância nestes dias.

Quando compreendi que isso era cousa simples, entendi que me era necessário conseguir um lugar de trabalho em que me achasse bem. Estava colocado, naquela ocasião, sendo bem pago, porém o serviço não me agradava. Julgava e ainda creio, que a tarefa diária de cada qual deve ser uma fonte de alegria e satisfação ininterrupta.

Por isso deixei o trabalho desagradável e parti a procura de algo mais de meu gosto, sendo malsucedido a princípio. Ao examinar-me para ver a razão disso, encontrei apenas uma ideia vaga do que precisava e não tinha necessidade urgente. Estava em estado muito negativo.

*Ora, sei que é lei do estado negativo ir de mal a pior, e antes de ficar no abandono, decidi-me a antecipar a ação da lei e colocar--me num estado em que seria obrigado a tornar-me positivo, isto é, saber realmente o que precisava e necessitava-o **urgentemente.***

Deixando tudo o que possuía, peguei uma nota de cinquenta reais e tomei um ônibus para ir a algum lugar. Cheguei a Carazinho antes do amanhecer, apenas com dez centavos no bolso. Não ia sofrer por falta de bens, entretanto, nada aceitaria sem ter pagado inteiramente o preço. Assentado na sala de espera, logo antes do amanhecer, consegui o que precisava, que era um ambiente bom para meu trabalho. Eis aqui como o obtive:

Primeiramente, determinei realmente o que precisava, e agora, apenas com dez centavos, devia precisá-lo urgentemente, pois não tinha outros meios para comer. Depois, me compenetrei de que sempre estamos na presença do Grande Arquiteto do Universo, Deus, e em Deus sempre há um infinito e eterno suprimento para atender a toda necessidade, que o suprimento é igual ao pedido, e também que não só estamos na **presença** *de Deus, mas estamos Nele e Ele está* **em nós** *– que somos Ele, e, portanto, o infinito suprimento e o pedido estão ambos* **dentro de nós.**

Estava bem consciente da necessidade de uma posição de acordo com meu gosto, de modo que comecei a pensar no pedido de patrões bem dispostos. Assim é que comecei a compenetrar-me dos sentimentos de um patrão que procurava um bom empregado para fazer seu serviço e a meditar sobre o desejo do mesmo em ter bons empregados e pagá-los bem.

Visualizei então o processo de encontro do pedido do patrão e do meu pedido de um bom lugar, e, tendo feito isto, entreguei o assunto à lei de atração, sabendo que ela reuniria nossos seres físicos. Desde esse momento foi um fato realizado.

Enquanto ali estive assentado à espera do amanhecer, notei que havia em meu pensamento algo que atrasaria a ação da lei de atração. Eram os restos do espírito de discussão e desacordo entre patrões e empregados. De modo que comecei a analisar meu estado mental. Ao tê-lo terminado, escrevi em minha caderneta:

Resolvi ser amigo de meu patrão; fazer tudo o que me for pedido e **mais** *ainda; ser alegre e querer que ele lucre com meu serviço e fazer o melhor que puder para que assim aconteça, etc.*

Nada pode impedir a ação da Lei de Amor.

Na mesma ocasião, um devoto cristão, residente em Passo Fundo, orando sobre seus negócios, foi fortemente impelido a dirigir-se a Carazinho para encontrar pessoa simpática que fizesse o trabalho que precisava. Podia ter encontrado gente em

Passo Fundo ou Erexim, muito mais próximas, porém algo o atraiu para Carazinho, de modo que ele tomou seu automóvel e se dirigiu para esta localidade.

Entretanto, andei pelos arredores da estação, seguindo a Lei, porque é mais fácil sermos guiados pelo caminho reto, enquanto nos movermos. Alguns disseram que não havia serviço, porém eu sabia melhor.

O que eu visualizara era a verdade e entendi que havia de apegar-me a ela. Pedi trabalho em um lugar, porque parecia provável haver serviço e eu não tinha o direito moral de recusá-lo. Não o obtive, de modo que me dirigi para uma Livraria, na certeza de que teria o verdadeiro impulso no momento certo.

Quando chegou o homem de Passo Fundo, fui impelido a sair à rua, onde logo nos encontramos e entramos num acordo. Ele levou-me consigo, pois nada mais tinha a fazer em Carazinho. Fez um arranjo para minha alimentação, emprestou-me ferramentas e foi o mais simpático patrão que tive. Estou lá em Carazinho, com minha forte determinação de aprender mais coisas sobre o poder da mente.

CAPÍTULO VI

ÀQUELE QUE TEM LHE SERÁ DADO

Afirmação de que o muito adquire mais é verdade em todos os planos de vida e em toda esfera de existência; e o contrário de que todo prejuízo leva a um maior prejuízo é igualmente verdade; entretanto, devemos lembrar que o homem pode fazer cessar qualquer dos processos a todo o tempo. Quanto mais descermos, mais rapidamente iremos para baixo, e quanto mais subirmos, mais fácil será subir. Quando começarmos a ganhar, ganharemos cada vez mais, portanto *"aquele que tem, mais lhe será dado"*. Quando começamos a perder, perderemos cada vez mais, *portanto "aquele que não tem, até o que tem lhe será tirado"*. Esta é uma grande lei metafísica e, sendo metafísica, o homem tem o poder de empregá-la conforme seu desejo. Como um homem é no interior, assim tudo será em seu mundo exterior. Portanto, o homem perdendo ou ganhando no exterior depende do que perde ou ganha no interior.

A base de toda a posse se acha na consciência do homem e não nas circunstâncias exteriores, leis e condições. Se a consciência de um homem for acumulativa, ele acumulará positivamente, seja qual for sua posição na vida; porém, conforme a constituição de sua mentalidade, as riquezas serão físicas, intelectuais ou espirituais. Quando a mente tem o maior desenvolvimento no plano físico, a consciência acumulativa reunirá posses tangíveis. Quando a mente tem maior desenvolvimento no plano intelectual ou metafísico, a consciência acumulativa reunirá abundância de conhecimento e saber. Quando a mente tem o maior desenvolvimento no plano espiritual, a consciência acumulativa reunirá riquezas espirituais. Por mais competente que sejamos no plano físico, se nossa consciência não for acumulativa, não adquiriremos a posse de muita coisa deste mundo. Da mesma forma, por maior que seja nossa diligência na pesquisa da verdade, nas posses superiores do espírito, se nossa consciência não for acumulativa, pouco ganharemos. Com efeito, perderemos constantemente o conhecimento da verdade de um lado, ao procurarmos adquiri-lo do outro. Portanto, o segredo para conseguirmos a abundância no mundo das posses tangíveis é adquirirmos competência em nossa profissão e depois adquirirmos a consciência acumulativa.

O segredo para ganhar as riquezas da mente e da alma, é desenvolver a mesma consciência acumulativa e consagrar todos os poderes da mente e do pensamento das coisas espirituais. Existem milhares que consagram toda a sua vida aos estados superiores de existência, porém há bem poucos que ganharam as riquezas reais do reino espiritual, e a razão disso é por terem deixado de desenvolver a consciência acumulativa. Por outras palavras desprezaram a grande lei de que *"aquele que tem lhe será dado"*. Aqueles que nada têm, nada receberão, por mais devotadamente que orem e por mais perfeitas que sejam suas vidas. Porém, ter não é simplesmente possuir no sentido exterior. Aqueles que de nada são conscientes nada têm. Aqueles que têm consciência de muito, possuem muito, sejam quais forem suas posses exteriores. Antes de podermos ganhar tudo o que precisamos, devemos ter algo e para termos qualquer coisa é preciso ser consciente dela.

Devemos ter consciência da posse no interior antes de podermos aumentar a posse em qualquer espera de existência. Toda posse é baseada na consciência e é conservada pela consciência ou perdida por ela. Todo ganho é resultado da consciência acumulativa. Toda perda é devida ao que podemos denominar a consciência dissipada; isto é, o estado de consciência que deixa passar tudo o que penetra em sua esfera. Quando temos consciência de algo, pertencemos à esfera daqueles que têm, e nos será dado mais. Logo que adquirirmos consciência das coisas, começaremos a adquirir posse de mais e mais coisas. Logo que adquirir consciência da posse da sabedoria e do poder espiritual, a sabedoria e o poder espiritual nos serão dados em abundância cada vez maior. Por outro lado, quando começarmos a perder a consciência da posse das coisas, dos pensamentos e dos poderes, começaremos a perder cada vez mais essas posses, até ficar sem nada.

Quando sentirmos interiormente que as coisas estão se afastando de nós, é porque estamos perdendo nossa posse consciente delas, e tudo, finalmente, será perdido se não mudarmos nossa consciência. Quando sentimos intimamente que estamos ganhando cada vez mais ou que as coisas começam a aproximar-se de nossa esfera de existência, cada vez mais nos será dado, até termos tudo o que desejarmos. O segredo é o nosso sentir íntimo, e é este sentimento interior que determina se temos de nos achar entre os que têm ou entre os que não têm. Ao sentirmos no íntimo que estamos ganhando cada vez mais ou que as coisas estão começando a dirigir-se para nossa esfera de existência, cada vez mais nos será dado, até termos tudo o que possamos desejar. Como sentir no íntimo é o segredo, é este sentimento interior que determina se deve ser achado entre os que têm ou os que não têm. Quando sentir no íntimo que estamos ganhando cada vez mais, estamos entre os que têm e nos será dado mais. Quando sentir no íntimo que estamos perdendo o que temos, nos colocaremos entre os que não têm e nos será tirado até o que temos.

Quando aprendemos que a mente é causa e que tudo o que ganhamos pode vir da ação da mente como causa, descobrimos que toda posse depende da atitude da mente e visto ter o poder de conservar a mente em qualquer atitude desejada, todas as leis de aquisição e posse estão em nossas mãos. Ao fazer esta descoberta, começamos a adquirir posse consciente de nós mesmos, e aquele que tem consciência de si mesmo, tudo lhe será dado. Sentir que somos o poder que se oculta atrás de todos os poderes, e que podemos determinar o que haverá de suceder, é nos tornarmos conscientes do fato de que somos algo. Assim estaremos conscientes de algo em nós que é real, que é substancial e que é realmente supremo em nosso mundo. Conscientes de algo em nós é termos algo e ter algo é ganhar mais; por conseguinte, pela aquisição da consciência de algo que é real em nós, nos tornamos os que têm e as coisas nos serão dadas.

Adquirir consciência do que é real em nós é adquirir consciência do que é real na vida, e quanto mais sentirmos a realidade da vida, esta se tornará mais real. O resultado é que nossa consciência da realidade da vida se torna cada vez mais vasta; compreende mais e absorve mais. Por outras palavras torna-se acumulativa. Quando se chega a esta realização, ganha-se gradualmente firmeza na vida e adquire-se domínio consciente sobre tudo o que nela existe, o que é sempre seguido de aumento de posse. Qualquer coisa de que tenhamos posse poderá ser empregada construtivamente em nossa esfera de existência, e tudo o que foi empregado construtivamente é produtivo; produz algo. Portanto, nos fará conscientes de algo; adquirir o poder de produzir algo e os produtos, em qualquer plano, constitui riquezas no mesmo plano.

Quanto mais nos tornarmos conscientes em nós e em nossa vida, maior é nosso poder de criar e produzir em nossa esfera de ação, e quanto mais riqueza produzirmos, maiores serão nossas posses, desde que tenhamos aprendido a reter os produtos de nosso próprio talento. Quando analisamos estas leis sob um outro ponto de vista, vemos que a consciência do real em nós produz uma tendência ascendente da mente, e desde que a mente comece a elevar-se, a lei de ação e reação continuará a impelir a mente indefinidamente para cima. Todo ato elevado da mente produz uma reação que impele a mente ainda mais para cima. À proporção que a mente é impelida para cima, uma segunda ação ascendente é expressa e é mais forte que a primeira; isto, por sua vez, produz uma segunda reação, mais forte que a primeira e a mente é impelida para cima, na segunda vez, muito além do que foi na primeira. É fato que, quando a mente entra na escala ascendente, a lei de ação e reação perpetuará a ascensão enquanto a mente toma um interesse consciente no progresso feito; porém, desde o momento em que a mente perde o interesse no movimento, a lei se inverterá e a mente entrará na escala descendente. Portanto, nos tornando conscientes da lei em nós mesmos teremos um interesse consciente em cada passo que iremos dar para frente, e nos elevaremos contínua e indefinidamente na escala da vida.

Quando a mente está na escala ascendente, vai-se tornando cada vez mais vasta, mais poderosa e mais competente, portanto, será procurada onde haja maiores recompensas e mais numerosas oportunidades. Essa mente naturalmente se elevará passo a passo em sucessão rápida. Continuamente será dado cada vez mais a essa mente, porque ela se colocou no mundo dos que têm. O grande segredo de possuir mais, sem atender às circunstâncias, é elevar-se perpetuamente na mente. Seja como for que as coisas sucedam ao nosso redor, continuaremos a nos elevar na mente. Todo passo superior que é dado mentalmente aumenta o poder da mente, e este poder aumentado produz novos resultados no mundo tangível. Quando esses resultados acrescentados são observados, a mente alcança maior fé em si e maior fé sempre produz maior resultado. Por outro lado, quando você desce mentalmente, porque as coisas parecem descer, perdemos poder. Esta perda de poder nos impedirá de fazer nosso trabalho convenientemente ou de empregar as coisas e condições que nos rodeiam, com o melhor proveito. Portanto, as coisas atuais descerão realmente cada vez mais e, se permitirmos que essa perda de terreno nos desanime, perderemos mais poder, havendo ainda maior adversidade e prejuízo. É, pois, evidente, que tudo no nosso mundo seguirá o caminho que segue na nossa mente, e que, se mudarmos nossa mente e permanecermos com ela mudada, tudo o mais mudará e permanecerá mudado. Se continuarmos a nos elevar na mente, nunca permitindo o retrocesso por um momento, tudo em nosso mundo continuará a elevar-se, e nunca haverá sinais do inverso, muito menos a perda de algo que desejamos reter.

Quando tudo parece ir mal, devemos permanecer retos, e se continuamos a permanecer retos, as coisas logo tomarão a direção reta. Esta é uma lei que age e nunca deixa de agir. Quando você anda errado, porque as coisas parecem erradas, você produz o que pode ser denominado a atitude mental de deixar passar, e quando deixas de te apegar às coisas, elas começarão a cair. Deves te apegar às coisas, se desejas retê-las para você; e o segredo de se apegar a elas é continuar positivamente na atitude mental que perpetuamente se eleva e se engrandece.

As leis da vida continuarão perpetuamente naqueles que se colocarem na atitude receptiva, e as mesmas leis irão tirar daqueles que mudarem o pensamento, e você irá sentir também que as coisas, por sua vez, tomam até certo ponto a mesma mudança; e se continuares persistentemente nesse sentimento, tudo em tua vida positivamente tomará a direção que tomastes. À proporção que caminhas, teu mundo seguirá o mesmo caminho, desde que continues nele; a lei de ação e reação explica o porquê. Entretanto, em última análise, tudo depende de que a consciência determina como cada força, elemento, poder ou faculdade deve agir, porque todos são governados pela consciência. Quando tua consciência não tem a necessária firmeza nas coisas, o poder do nosso ser deixará de adquirir o conveniente domínio sobre as coisas; porém quando nossa consciência possuir este poder de apego, todos os poderes do nosso ser terão a mesma firmeza em relação a tudo com que tenha de tratar.

Para estabelecer a consciência acumulativa, isto é, a consciência que tem completo domínio sobre as coisas, iremos treinar a sentir intimamente que temos perfeita posse de tudo em nosso ser. Sentimos que somos possuidores de nós mesmos. Afirmamos que possuímos a nós mesmos. Pensar constantemente que somos possuidores de nós mesmos – tudo o que está em nós mesmos, e logo teremos consciência da absoluta posse de nós mesmos. Alguns têm naturalmente este sentimento consciente, e eles invariavelmente ganham vastas posses, quer em bens tangíveis, quer em sabedoria e poderes espirituais superiores. Porém, todos podem desenvolver este estado de posse consciente de todo o seu ser, permanecendo na firme convicção de que "Tudo o que sou é meu". Quando começarmos a sentir que possuímos a nós mesmos, *temos* realmente algo na consciência e, conforme as leis do ganho e das posses, ganharemos cada vez mais, sem limites. Estamos na mesma consciência daqueles que têm, e tudo nos será dado. Estabelecemos a causa íntima da posse por meio da posse consciente de nossa inteira vida íntima, e o efeito desta causa, isto é, o desenvolvimento perpétuo da posse externa, deve seguir-se invariavelmente. Em resumo, teremos aplicado a grande lei: *"Aquele que tem, todas as outras coisas lhe serão dadas"*.

A LIÇÃO DE HARMONIA

Bento, Margarida e Sandra – nomes fictícios adotados pelo autor

Bento era um rapaz que nada fazia bem. Sempre falava das coisas admiráveis que haveria de fazer um dia, porém parecia nunca conseguir fazer tais coisas e quase todas as vezes que me encontrava com ele, tinha um novo ideal a executar. Seu pai era um bom agricultor e Bento era o único filho homem. Tinha dezenove anos quando começa a minha narração. Ele e suas duas irmãs, Margarida e Sandra, estavam na escola local, como nós chamamos escola agrícola, e tinham vergonha de ser chamadas filhas de agricultor. Sandra principalmente, tendo atraído a atenção de um belo rapaz da cidade, um corretor da Bolsa de Valores, mais se aborrecera da vida da roça e não contou a seus pais sobre sua repugnância por ela, produzindo um profundo desgosto neles.

O rapaz foi várias vezes ao sítio para visitar Sandra, e certo dia ela foi ao seu encontro e nunca mais voltou para casa. A família ficou terrivelmente aborrecida por isso, e Bento mais excitado e enraivecido do que os outros. Repetia muitas vezes: "Eu disse a Sandra que evitasse aquele rapaz, porém ela não quis me ouvir". Passou o tempo e dois anos mais tarde, quando Bento tinha 21 anos, Sandra voltou para casa. Era uma mulher magra e franzina, que trazia nos braços uma menina de uns dois meses. Ora, o agricultor Estevão, pai de Sandra, era um bom homem quando as coisas lhe corriam bem, porém quando não, era muito exigente e duro, e exatamente nesta ocasião as coisas na agricultura não estavam muito bem. No ano anterior, os cereais e principalmente o trigo, tinham sido de baixa produção e, por conseguinte, os preços subiram bastante, de modo que, devido aos altos preços do ano anterior, Estevão tinha plantado mais que o dobro de terreno, porém os preços não tinham se elevado. De modo que o agricultor julgou que tinha perdido seu trabalho. Trabalhar arduamente como tinha feito e lucrar menos ainda do que a importância recebida pela quarta parte do terreno plantado no ano anterior, por isso não gostou da vinda de Sandra e de seu filho. Sandra parecia exigir a atenção constante de um médico, e isto fazia as despesas maiores do que ele podia suportar, além disso ele próprio não se sentia bem. Muito tempo no campo em outras ocupações agrícolas o tinha abatido bastante. Para ajudar, Margarida, esposa de Estevão, disse que aceitaria pensionistas que quisessem passar o verão ali. Foi desta forma que uma senhora de Novo Hamburgo foi lá passar o verão. Sem dúvida, fiquei sabendo que essa senhora percebeu logo que não havia realmente razão para toda a discórdia que havia na fazenda, e desejando fazer o possível para vencê-la, esperou a ocasião oportuna para tratar do assunto e mostrar-lhes o modo de arranjar os fatos discordantes de modo a ter perfeita harmonia.

Certo dia ela notou que Bento estava estudando um trecho de música num órgão antigo. Havia algum erro na música ou na execução. Quase sempre apareciam pequenas notas que não podiam fazer parte da música e produziam a maior desarmonia, ou seja, desafinação, porém às vezes Bento parecia tocar a melodia correta e então a senhora podia avisá-lo de que estava certo e sua música seria agradável e confortadora. Ela perguntou a Bento onde estava a dificuldade e ele disse que só tinha ouvido uma vez a música e não podia lembrar-se de tudo como devia ser.

"Porém, é uma peça agradável e bela, se eu pudesse lembrar-me dela", disse ele.

"De vez em quando executas notas erradas, não é verdade?" Perguntou esta senhora.

"Não, as notas pertencem à música, porém perco o arranjo delas. Veja minha senhora, agora elas parecem discordantes, porém se eu puder lembrar do lugar ocupado pelas notas, não haverá discórdia, mas sim a mais bela harmonia. Veja que a harmonia é exatamente o conhecimento do modo de arranjar estas notas musicais na ordem certa e do emprego delas."

"Muito bem, esta é uma regra musical, que aprendemos em nosso conservatório Novo Pensamento, lá em Novo Hamburgo, Bento, eu sei seja qual for o modo dela atuar na música", disse a mulher.

"Que é o Novo Pensamento?", perguntou Bento.

Havia chegado a oportunidade para a senhora. Uma das melhores entradas para ela ajudar a arranjar as notas certas na família daquela fazenda e criar harmonia onde havia a maior discórdia. Por isso ela começou a ensinar a Bento tudo o que podia a respeito do poder do pensamento e como a gente atrai para si as coisas e condições semelhantes ao hábito de pensamento.

Disse ela: "Sabes que se pensares, que o mundo está cheio de discórdia, doença, tristeza, vergonha e coisas semelhantes, e falares a respeito destas espécies de coisas, do mal que lhe fizeram ou a seus amigos, está atraindo estas coisas sobre você. Sabes que no Domingo passado o padre leu estas palavras em sua homilia: ***"Aquele que tem lhe será dado. Aquele que não tem até o que tem lhe será tirado".*** *Ora, Bento, o mal de toda a humanidade está em interpretar erroneamente estas palavras. Pensastes que, por teres apenas algumas centenas de hectares de cereais, e quisestes bom dinheiro por ele, justamente para contrariar você (ó, sim, quer o tenhas percebido, quer não, pensastes que foi um modo de contrariar você) Deus tirou tudo o que possuis. O gênero humano acredita que é mau ter falta de dinheiro e outras coisas belas. Não sabes, Bento, que Deus é a maior coisa do universo? É tão grande, imenso, e poderoso, que, se gastares todo o tempo em procurar pensar quanto Ele é grande e admirável, ainda não poderás atingir a altura mental que mediu sua grandeza. Ora, ele está dentro de toda expressão do mundo inteiro. É a vida e energia que está dentro de toda expressão do mundo. É a vida e energia em todas as manifestações da vida, e não há nada em que não haja vida. Ele é sua vida. A inteligência que age em você é por meio de Deus, Bento. Pense, pense, como pode Ele tirar o pouco que tens? Como pode ser erro desejar cada vez mais? Então não sabes que quanto mais desejas, maiores oportunidades darás a esta causa, Deus, para manifestar-se? Veja, Bento, estes leitões, são oito. Não são os mesmos que eram leitõezinhos na primavera? Não pensas em conservar estes oito leitões grandes, onde se achavam os leitõezinhos, pois o lugar seria pequeno. Não, Bento, sabes que os oito leitões são muito grandes para o chiqueiro antigo. Ora, não julgo que vosso pai seja capaz de conservar você em posição inferior desde que tenhas aprendido a pensar desta forma. Eis aí, Bento, uma harmonia grandiosa que podes aprender a tocar na harpa dourada da vida. É o maior canto sagrado que se possa entoar. Tirar harmonia da discórdia. Fazer felizes os seres humanos e tudo pelo seu próprio pensamento secreto, pois não precisas falar seus pensamentos, um só momento, mas começar meditando o que lhe disse hoje a respeito de Deus e seu* *poder irresistível. Pense nisso, Bento, no poder irresistível de Deus. E se Deus trabalhar para você e trabalhares conscientemente com ele, não há coisa ou estado de negócios que possa resistir a seus esforços em fazer o seu canto humano uma coisa bela, cheia de paz e harmonia, Bento, pense nisso. Nada faltando, nada do que seja necessário para dar felicidade à sua família".*

Quando a mulher terminou de falar as lágrimas correram pelo rosto de Bento e ele murmurou: "Ele podia até retificar os erros de Sandra? Fazer o preço dos cereais subir?"

"Ou mostrar para você um meio melhor de empregar o trigo e não vendê-lo. Dando-o, por exemplo, aos leitões, e quando estes engordarem, vendê-los. Os caminhos dele são muitos e suas fontes são inesgotáveis, Bento. Pense com calma e tranquilidade, dizendo sempre onde lhe falta compreensão em qualquer ponto, que a Onisciência pode fazer você conhecer exatamente aquilo que precisas saber."

"É, leitões", disse Bento. "Tenho um sentimento de que foi bom que papai não tivesse alcançado o preço conveniente para os cereais. Senhora, já tinha me esquecido de que conhecemos dois homens que possuem uma quantidade de leitões para vender ou fazer papai comprá-los para criá-los e engordá-los."

Tenho de terminar esta história, que no meu ponto de vista é uma narração de um fato verídico, dizendo que Bento fez seu pai comprar os leitões, quinze de um produtor rural, e 12 de outro produtor, alimentando-os e gastando mais dinheiro do que se tivesse vendido todos os cereais, por um preço maior do que esperava. Isto ainda não foi o melhor que aconteceu, pois Bento continuou no seu pensamento e ao pensar na grandeza e bondade da causa que o guiava, seu pensamento expandiu-se, e ele, depois falando para a senhora que estava na fazenda, novamente passando as férias, que o modo de fazer as coisas era apresentado como uma fita de cinema e ele sempre sabe o que deve fazer e como deve fazê-lo, e o que é mais importante, nunca lhe faltou os meios de fazê-lo, fato este que irão de concordar comigo, às vezes é difícil de conseguir.

Passados sete anos, Bento, agora com 28 anos de idade, ainda trabalha no seu Oratório Áureo, porém agora todos os que vêm e sabem o que sucedeu e está sucedendo gradualmente ficam entusiasmados com a harmonia geral. Sandra está com saúde e vive feliz; o pai de seu filho voltou e pediu perdão, Bento emprestou-lhe alguns excelentes livros para ler, que estão prestando grande serviço em fazê-lo melhor. Ele ainda é corretor e faz um negócio bom e honesto, progredindo e contentando-se com um modesto lucro. O agricultor Estevão, seu pai, tem o maior orgulho de seu filho Bento e deixa-lhe quase toda a administração da fazenda, ao passo que ele e sua esposa estão sempre passeando em sua caminhonete. Ele diz que prefere sua caminhonete, pois esta lhe recorda o tempo em que costumava levá-la a passeio e aprendeu a guiá-la com uma só mão, o que é muito errado. Porém, ele diz que a razão não é esta, é que ela se move com a graça de uma mocinha, dizendo que a sua caminhonete é muito fácil de guiar e eles sorriam, e a mãe de Bento fica ainda mais corada de vergonha. Bento tem um carro, e na fazenda há tratores e caminhões para levar os porcos ao mercado. Sendo assim, a fazenda de Bento progride muito bem.

Nota do Autor para este Capítulo, para que Entendam o que é Consciência Acumulativa

Pensamento é um processo mental energético utilizado pelo sistema-consciência, ou seja, pensamento é energia. É um tipo de energia que analisa, fixa e gera informações, saberes e conhecimentos dentro do sistema-consciência. É uma energia que analisa outras formas de energia. Não só analisa essas outras energias, como as aglutina ao seu conteúdo, multiplicando-se.

O pensamento é uma energia autopoética, pois, analisando

outras energias, analisando informações, saberes e conhecimentos, que foram captados no ambiente no qual o indivíduo está inserido e transformando-o em energia pelos sentidos humanos; o pensamento se aprimora, amplia, transforma e evolui.

Processo é um conjunto de atos coordenados e subsequentes através dos quais se executa uma função ou realiza uma tarefa. Mental porque são executados no cérebro. No caso do sistema-consciência, um sistema analítico, os processos de análise são chamados de processos mentais ou pensamentos. Esses processos analisam informações, saberes e conhecimentos, captados do mundo exterior, através dos sentidos humanos (visão, tato, audição, paladar, olfato), ou provenientes de órgãos internos do indivíduo (sensações, dor, amor, ódio etc.). Quanto mais informações, saberes e conhecimentos, maior é a capacidade de pensamento e iluminação do indivíduo.

Inegavelmente, o pensamento humano é Energia Consciente. Contudo, em cada pessoa há apenas uma faísca/centelha de Energia Consciente. A pouca quantidade de Energia Consciente qualifica o homem como um ser em estado primitivo, obrigando-o a buscar, no ambiente em que vive, mais informações, saberes e conhecimentos, formas simples de energia que aglutinará ao patrimônio que ele já possui em sua consciência. O homem tem que buscar elementos que ampliem sua iluminação e multipliquem seus pensamentos. A multiplicação e consolidação dos pensamentos multiplicados implicam em aumento da quantidade de Energia Consciente que há no homem... Quanto mais Energia Consciente, maior é o ser espiritual que se desenvolve no sistema-consciência. E, quando esse ser se completa, o homem atinge a plena iluminação, aproximando-se de Deus.

Portanto, os pensamentos humanos são uma faísca de Energia Consciente. E a função do homem, neste planeta, é multiplicar essa faísca, aumentar a quantidade de Energia Consciente que há no seu sistema-consciência. Dessa forma, evolui como um ser. Ilustrativamente, no início o homem é uma larva que come terra. Através do desenvolvimento e ampliação de sua consciência, ele busca se transformar em uma borboleta que se alimenta de néctar.

A quantidade ínfima de Energia Consciente, que há na fase inicial do homem, torna essa energia, quando distribuída no sistema-consciência, energia semiconsciente, porém, é uma energia que está em processo de aprendizagem, uma energia que busca multiplicar-se para alcançar a plena consciência e obter sua autonomia e independência... Multiplica-se assimilando informação, saberes e conhecimentos, aglutinando essas formas de energia a si mesmo.

A multiplicação da Energia Consciente, transformação da faísca divina em um ser do mundo espiritual ocorre, portanto, através da aquisição máxima, pelo sistema-consciência humano, de informação, saberes e conhecimentos relevantes. Quanto mais informações, saberes e conhecimentos relevantes/elevados no sistema-consciência, maior é a quantidade de pensamentos. E se é maior a quantidade de pensamentos, maior é a quantidade de Energia Consciente acumulada no indivíduo.

Informações, saberes e conhecimentos relevantes são aqueles que expressam uma verdade, ou seja, são elementos verdadeiros, reais. Caso contrário, caso sejam elementos falsos, mentirosos, enganadores etc., o sistema-consciência não os valida ou direciona o indivíduo para caminhos errados, caminhos de morte e destruição. Certamente, uma consciência que só tem elementos falsos, só tem mentira, é uma consciência contaminada pelo mal. Uma consciência que não está em evolução, mas sim paralisada ou em decaimento evolutivo.

A maior evidência desse fato, ou seja, que informações, saberes e conhecimentos verdadeiros promovem a evolução da consciência, aumentando a Energia Consciente e levando o indivíduo para a plena iluminação, aparece em um ensinamento antigo.

Um ensinamento muito disseminado que diz: "*A verdade vos libertará*".

Quando o mal contamina e assume o controle da consciência de um indivíduo ou da consciência coletiva de um grupo ou sociedade, pouca coisa pode ser feita para recuperá-la... A consciência é a essência do homem. E a contaminação da essência contamina todos os processos mentais, todas as sentenças da consciência. Se uma fonte está contaminada, tudo aquilo que brota dela vem contaminado.

Um exemplo de contaminação da consciência coletiva pelo mal aparece nos sistemas totalitários. Um sistema que é um grande Leviatã, pois é formado por uma coletividade, pela junção de vontades de um grupo. Um sistema que possui uma consciência artificial, uma consciência superficial. Uma consciência na qual as informações, saberes e conhecimentos, adquiridos naturalmente pelo indivíduo, foram substituídos por dogmas, falsas verdades absolutas e mentiras. Mas não é só isto, estes dogmas, falsas verdades absolutas e mentiras solidificam-se em uma crença de dominação e conversão pela espada.

Portanto, a consciência totalitária é um sistema-consciência que movimenta um conteúdo artificial, um conteúdo construído por um grupo, por uma coletividade, com uma finalidade: dominar o indivíduo e a sociedade, torná-lo um instrumento do sistema, seja um operador ou matéria-prima para os processos do sistema.

A consciência totalitária não é uma consciência como as demais. Não é igual a consciência dos seres humanos. É a consciência de um sistema. Um sistema construído por pessoas e com um propósito específico: dominar todos os níveis da sociedade, tornando os seres humanos meras peças da máquina totalitária. Por isso, esta consciência tem características anômalas e um funcionamento atípico.

Em outras palavras, quando o mal contamina e domina todo

o conteúdo do sistema-consciência, a energia semiconsciente desse sistema é paralisada, os pensamentos são reduzidos e inibidos. Logo, a Energia Consciente não se multiplica, o homem não se ilumina e nem evolui. Ao contrário, ele se converte em um indivíduo banal, um indivíduo que perdeu a sua capacidade de pensar e refletir, um indivíduo que pode ser comparado a uma coisa, um objeto sem vontade e sem voz. Logo, pode ser manejado como instrumento do mal, como máquina de extermínio e destruição.

Portanto, há uma ligação direta entre a banalidade do mal, a contaminação do conteúdo das consciências naturais e a incapacidade de pensar. Incapacidade de pensar é incapacidade de ter pensamentos, é incapacidade de movimentar e multiplicar a faísca de Energia Consciente que há no sistema-consciência.

Consciência contaminada pelo mal, vive e se alimenta do mal. Isso significa que os corruptores e os corruptos não vão combater a corrupção. Significa que os exploradores não vão combater a exploração. Significa que os opressores não vão combater a opressão. Esses tipos possuem uma consciência contaminada e dominada pelo mal. Mal que os movimenta e do qual eles se alimentam. Logo, a tendência lógica é que cada um deles busque a expansão e perpetuação de seus negócios. O mal se reproduz e se dissemina, dessa forma, pelos diversos níveis da sociedade.

Somente o arrependimento e a respectiva conversão do homem sombrio, para o lado oposto daquilo que ele fazia, são capazes de limpar e regenerar o sistema-consciência. Sem arrependimento e conversão, não há como limpar a consciência, não há como regenerá-la. Isso porque o arrependimento modifica o conteúdo, refaz ligações mentais, restaura processos mentais, regenera e limpa os pensamentos. Logo, é um fenômeno que restabelece a Energia Consciente original, ampliando-a, pois incorpora nela energias oriundas da verdade. A conversão transforma o arrependimento em ação, em prática, em comportamento, revelando-o para os homens. Onde não há arrependimento e conversão, não há salvação.

Olhando para a história encontramos vários exemplos de contaminação de sociedades inteiras pelo mal. Isso aconteceu na Alemanha Nazista. Também aconteceu na época de Noé. Época na qual a consciência coletiva daquela sociedade foi completamente tomada pelo mal. Somente Noé e sua família escaparam dessa dominação/contaminação.

Outro exemplo aparece em Sodoma e Gomorra. Inclusive, nessa época, Ló procurou e não conseguiu encontrar nem uma dezena de consciências sadias no meio daquele povo.

Todas essas sociedades, contaminadas pelo mal, foram destruídas, foram riscadas do mapa, pois a contaminação da consciência coletiva ocasiona, inevitavelmente, a extinção/destruição da sociedade e de seus integrantes...

Portanto, a finalidade última do sistema-consciência, é transformar o homem em Energia Consciente, transformar a centelha divina que há no homem (o sopro de Deus), em energia plenamente consciente, libertá-lo do mecanismo material no qual está preso e do qual é dependente. A libertação virá quando o pensamento humano, energia semiconsciente, alcançar a plena iluminação...

Plena iluminação da consciência significa que o indivíduo se transformou em uma consciência na forma de energia, em energia consciente. Significa que não dependerá mais dos sentidos humanos, de um mecanismo orgânico, material, para captar/analisar informações, saberes e conhecimentos. Significa que ele não necessita mais do sistema-consciência para evoluir.

Em outras palavras, a plena iluminação significa que o indivíduo se transformou em um ser da quarta dimensão, uma consciência que se libertou do corpo material, uma consciência que consegue fluir sozinha, como um ser na forma de energia, um ser que é só pensamento. Um ser capaz de conhecer e escolher entre o bem e o mal.

Os pensamentos humanos, energia semiconsciente em processo de aprendizagem, em processo de multiplicação, podem ser divididos em vários tipos: pensamentos primários, razão, intuição, fé etc. Cada um desses tipos funciona de forma específica, tem mecanismos próprios para busca e emissão de resposta que é repassada ao sistema-consciência. Contudo, ressalto, não deixam de ser pensamentos, são a mesma energia semiconsciente, são processos mentais analíticos, apenas têm procedimentos próprios para ação.

Assim, alguns tipos de pensamento podem usar, como matéria-prima de sua análise, informações, saberes ou conhecimentos (pensamentos primários, razão) ou podem buscar sua matéria-prima em outras fontes, como é o caso da fé e da intuição.

Além disso, os processos mentais (pensamentos) ocorrem em todos os subsistemas (consciências) e movimentam informações e conhecimentos obtidos pelos órgãos dos sentidos ou que estão arquivados na memória.

O processo mental mais comum são os pensamentos primários. Estes pensamentos são processos analíticos de informações, saberes e conhecimentos. Quando pensamos estamos analisando informações, saberes e conhecimentos. Estamos executando um processo mental primário.

A razão, o pensamento racional, é uma sequência concatenada de pensamentos primários, é um conjunto específico de pensamentos coerentes, interligados pelo método científico. A fé é outro conjunto de pensamentos primários específicos interligados pelo método religioso ou com fundamento em uma divindade. Contudo, são todos eles pensamentos, são processos mentais, que se diferenciam pelo conteúdo, pela conexão que os reúne ou forma de ação e emissão de decisão.

Enfim, pensamento é energia que movimenta a consciência

humana e realiza os processos mentais. Uma energia que vem diretamente de Deus, o sopro de Deus, e que foi dada na Criação. Resumindo: pensamentos são processos mentais energéticos que movimentam a consciência humana. E esta energia é o sopro de Deus que foi dado ao Homem, é a nossa porção divina. É a nossa essência divina.

CAPÍTULO VII

O QUE DETERMINA O DESTINO DO HOMEM

O destino de todo indivíduo está sendo criado a todo o momento por ele mesmo, e o que ele cria em qualquer tempo é determinado pelos ideais que entretém nesse tempo. O futuro de uma pessoa não é pré-ordenado por algum poder exterior, nem o destino é governado por alguma força estranha e misteriosa que só as mentalidades superiores podem compreender e empregar. São os ideais que governam o destino e todas as mentes têm seus ideais, seja qual for o ponto em que se achem na escala da vida. Ter ideais não é simplesmente ter sonhos e visões daquilo que está além do alcance do presente; nem idealismo é um sistema de ideias que a mentalidade prática da atualidade não possa ter. Ter ideais é ter objetivos definidos em vista, sejam eles muito elevados ou muito baixos, ou de qualquer ponto intermediário.

Os ideais de qualquer mentalidade são suas necessidades reais, os desejos reais ou as aspirações reais da mesma, e como cada mente normal vive e trabalha invariavelmente para aquilo que lhe é necessário em seu atual estado de existência, é evidente que toda mente deve, por força, consciente ou inconscientemente seguir seus ideais. Quando esses ideais são baixos, ordinários e inferiores, o indivíduo trabalhará para o ordinário e inferior e os produtos de sua mente corresponderão em qualidade com aquilo, para o qual trabalha. Apresentar-se-ão causas inferiores em sua vida e resultarão efeitos semelhantes; porém, quando esses ideais forem superiores e elevados, ele trabalhará para o superior; desenvolverá a superioridade em si mesmo, e dará superioridade a tudo o que possa produzir. Todo ato que pratique em sua vida se tornará causa superior e será seguido de efeito semelhante.

O destino de todo indivíduo é determinado pelo que é e pelo que faz; aquilo que um indivíduo há de ser ou fazer é determinado por aquilo para que vive ou trabalha ou em que pensa. O homem não é formado por uma força exterior. O homem está formado a si mesmo com o poder das forças e elementos que emprega em seu pensamento e sua obra; e em todos os seus esforços, físicos ou mentais, segue invariavelmente seus ideais. Aquele que pensa no superior e vive e trabalha para o superior, se torna superior; aquele que trabalha para o inferior, se torna inferior. É, pois, evidente que qualquer indivíduo pode fazer-se mais, realizar mais, obter mais e criar para si um destino cada vez maior, apenas começando a pensar num grupo superior de ideais e a viver e trabalhar para ele. Ter ideais inferiores e dar às forças criadoras de sua organização alguma coisa ordinária para a qual tenha de trabalhar. Ter ideais superiores é dar a essas forças algo de extraordinário para o qual deva trabalhar e o destino do homem é o resultado daquilo que suas forças criadoras produzem a todo o momento. Toda força da organização humana está produzindo algo, e este algo se tornará parte do indivíduo. É, pois, evidente que qualquer indivíduo pode melhorar constantemente o poder, a qualidade e o valor de sua entidade, dirigindo as forças de seu sistema para produzir aquilo que tem qualidade e valor. Entretanto, essas forças não são governadas ou dirigidas pela vontade. É da natureza das forças criadoras no homem produzir o que a mente deseja, precisa, necessita ou aspira a conseguir, e os desejos e as aspirações de qualquer mente são determinados pelos ideais que são mantidos nesta mente.

As forças do sistema começarão a agir para o superior quando a mente começar a alcançar ideais superiores, e visto que é o produto destas forças que determina tanto a natureza como o destino do homem, uma natureza superior e um maior destino podem ser obtidos por qualquer indivíduo que adote o mais alto e perfeito sistema de idealismo que possa ser compreendido. Sustentar ideais superiores é pintar na mente e conservar constantemente no pensamento a mais alta concepção que possa ser formada de tudo o que possa ser consciente. Permanecer mentalmente nessas concepções superiores, de um modo permanente, é fazer que as ideias predominantes se tornem ideias superiores, e é para as ideias predominantes que vivemos e trabalhamos. Quando as ideias predominantes em qualquer mente são superiores, a força criadora desta mente produzirá o superior em todo elemento, faculdade, talento ou poder nesta mente; a grandeza será desenvolvida assim nesta mente, e a grande mentalidade invariavelmente cria um grande destino.

Sustentar ideais superiores não é sonhar com o impossível, mas entrar em contato mental com essas maiores possibilidades que agora podem discernir; e ter o poder de discernir um ideal indica que temos o poder de realizar o mesmo. Não adquiriremos consciência de maiores possibilidades enquanto não tivermos desenvolvido suficiente capacidade para levar essas possibilidades e resultados práticos e tangíveis. Portanto, quando discernirmos o maior, estaremos preparados para alcançá-lo e realizá-lo; porém antes de podermos passar a fazer aquilo a que estamos preparados, devemos adotar ideais superiores e somente estes. Quando nossos ideais são superiores, pensamos constantemente no superior, porque nosso pensamento está de acordo com os nossos ideais, e pensar constantemente no superior é desenvolver firmemente à semelhança do superior.

Quando os ideais forem muito elevados, todas as forças do sistema se moverão para realizações superiores; todas as coisas na vida do indivíduo agirão conjuntamente com maiores grandezas em vista, e deverá dar-se invariavelmente um contínuo progresso numa escala cada vez maior. Manter ideais superiores não é simplesmente desejar algum maior triunfo pessoal ou manter uma crença que seja diferente das crenças gerais do mundo. Manter ideais superiores é pensar do modo melhor e mais elevado a respeito de tudo aquilo com que entrais em contato. O idealismo superior não é um mero sonhar com o que é grande e belo; porém é viver realmente em harmonia mental com o que há de melhor em tudo, nas pessoas, nas circunstâncias e em todas as expressões da vida. Viver em harmonia mental com o melhor que pudermos encontrar em toda a parte é criar o melhor em nossa própria mentalidade e personalidade; e à proporção que nos desenvolvemos à semelhança daquilo em que mais pensamos, por meio de um pensamento ideal, aumentamos perpetuamente nosso poder, capacidade e valor. Por conseguinte, naturalmente criamos um destino maior e mais digno.

O homem que se engrandece e faz muitos e grandes efeitos invariavelmente forma um grande destino. Pensar em algo que seja inferior ao melhor ou permanecer mentalmente no inferior é neutralizar o efeito dos ideais superiores que começamos a sustentar. Para obtermos os maiores resultados é, pois, absolutamente necessário mantermos apenas ideais superiores e deixarmos todo reconhecimento da inferioridade ou imperfeição. A razão pela qual a maioria deixa de obter resultados tangíveis de ideais superiores é por sustentar muitos ideais inferiores ao mesmo tempo. Pode ter aspirações elevadas; pode adotar a beleza; pode adotar a perfeição e pode viver para melhor e trabalhar para o grandioso, porém não emite sempre o melhor pensamento a respeito de tudo e, por essa razão, não alcança o objeto que tem em vista. Parte de suas forças constrói as coisas grandiosas, mas outras forças estão construindo coisas menores, e uma casa dividida contra si mesma não pode permanecer de pé.

O idealismo superior não contém ideia que seja inferior ao

máximo e melhor que os estados mentais elevados podem produzir e não sustenta desejos que não tenham o mais alto valor, o maior poder e o máximo objetivo em vista. O idealismo superior não reconhece o poder do mal nas coisas ou nas pessoas; sabe que as más condições existem, porém não pensa conscientemente no assunto. Não é possível pensar do modo mais elevado a respeito das coisas, se a mente dá atenção consciente à adversidade ou imperfeição. O verdadeiro idealista, portanto, reconhece conscientemente só o poder do bem, e vive na convicção de que todas as coisas da vida estão constantemente agindo para o bem. Esta convicção não é simples sentimento do idealista. Sabe que todas as coisas positivamente agirão em conjunto para o bem quando reconhece apenas o bem, pensa apenas no bem, deseja apenas o bem e só espera o bem; da mesma forma, sabe que todas as coisas agirão positivamente em conjunto para coisas maiores, quando todos os poderes da vida, pensamento e a ação forem concentrados na consecução e realização de coisas maiores.

Aplicar os princípios do idealismo superior em todas as coisas traz progresso em tudo. Seguir o ideal superior é mover-se para o superior, o maior e o mais alto, e ninguém pode continuar por muito tempo neste movimento sem criar um novo mundo para si, um ambiente melhor e um destino maior. Para criar um futuro melhor, devemos começar a escolher um grupo melhor de ideais. Escolha os melhores e maiores ideais que puderes encontrar e viva exata e absolutamente de acordo com eles. Faça assim, o melhor e o maior, e aquilo para o qual vais trabalhar determinará o que será o futuro. Trabalhe para o maior e o melhor que conheças no presente e criarás o maior e melhor no futuro.

CAPÍTULO VIII

DESENVOLVIMENTO PROGRESSIVO

O universo está repleto de boas coisas e há quantidade suficiente para suprir a todos os desejos de cada coração em grande abundância e com muita sobra. Como cada ser deve agir para obter a satisfação de seu desejo é o problema, cuja solução é simples. Por conseguinte, todos podem alegrar-se. Este mundo não é um "vale de lágrimas", mas sim um lugar de alegria, pois dispõe de tudo o que é necessário para que a vida humana se torne um canto permanente: sabemos agora que não vivemos para ser miseráveis, mas para alegrar-nos.

As agruras que às vezes aparecem na vida não são parte real da mesma. Só as grandezas e alegrias da existência estão destinadas para o homem. Saber distinguir entre a doçura e a amargura, aproveitando aquela e evitando esta, é coisa que quase ninguém compreende.

Milhares de pessoas conhecem o lado amargo quando o vêm, porém quase nunca sabem evitá-lo. Afastar os males da vida é uma arte que poucos aprenderam.

Aqueles que sabem afastar o mal, nem sempre sabem distinguir o bem e o mal, a razão, sendo que não observaram as coisas em relação à força que as produz.

Os filósofos, teólogos e cientistas fazem da vida um objeto

complexo difícil de suportar. As expressões profundas que empregam, confundem as multidões, continuando os males e perturbações como eram anteriormente; porém, o viver é coisa simples. Até uma criança pode ser feliz, e isso não é coisa difícil para ninguém.

Quando conseguirmos a felicidade em seu sentido mais elevado e extenso, notaremos que ela só nos apresenta em sua totalidade quando temos tudo o que o coração deseja. Porém, os desejos do coração aumentam em extensão e número com o progresso da vida, as alegrias do viver aumentarão proporcionalmente desde que todos os desejos do coração sejam satisfeitos.

Entretanto, este fato parece, à primeira vista, tornar muito difícil a obtenção da felicidade. Se não podemos gozar da totalidade das alegrias sem ter tudo o que o coração possa desejar, então a felicidade está muito afastada; assim pode parecer, porém as coisas nem sempre são como parecem.

Todas as coisas são possíveis e as coisas mais difíceis se tornam relativamente fáceis, quando conhecemos o modo de consegui-las. Por conseguinte, o caminho a seguir não é dar atenção às dificuldades que a ignorância relaciona com as coisas, mas procurar a simplicidade que é a alma do saber. Quando aprendemos a fazer as coisas como elas devem ser feitas, todas as dificuldades desaparecem e até a vida mais esplêndida se torna simples.

É objeto universal de nossa época o fazer as coisas. Não aceitamos mais aqueles que simplesmente nos dizem o que devemos fazer. Precisamos de ensinos práticos que nos expliquem o modo de executá-las.

Os maiores homens de nossa época e do futuro não serão aqueles que possam comover à vontade as multidões pela arte mágica da eloquência, mas sim aqueles que nos ensinem a fazer as coisas e possam expressar-se de tal forma que todos sejam capazes de compreendê-los.

Estamos procurando conhecer a verdade e muitos tentam

alcançá-la em sua simplicidade original. O caminho da verdade e da vida é perfeitamente reto e iluminado, sendo muito simples caminhar por ele depois de tê-lo encontrado, porém muitos se perderam nos matagais da ilusão e das falsas concepções, por julgarem que a verdade era complicada. Devem voltar ao caminho simples e, ao fazê-lo, as dificuldades da vida desaparecerão completamente.

Ensinar a humanidade a encontrar as coisas simples, as coisas reais, é agora o propósito de todo pensador original e todo aquele que puder aumentar a sabedoria do mundo neste ponto se tornará um luminar da raça. Um dos primeiros princípios desta nova compreensão das coisas é o que trata do poder que o homem tem de pôr-se em contato com a fonte de suprimento ilimitado, ou, por outras palavras, de entrar no caminho do desenvolvimento perpétuo.

Como dissemos anteriormente, o mundo está repleto de boas coisas, pois a vida está em contato com a fonte ilimitada de tudo, havendo o suficiente para satisfazer os desejos de cada coração. Não é necessário tirarmos uns dos outros para termos abundância, pois há mais que o necessário para contentar a todos. O fato de que alguém tenha abundância não prova que tirou seus bens ou parte deles dos outros, embora isto seja o que muitos julgam ser verdade.

Ao vermos alguém no luxo, ficamos admirados do modo pelo qual ele obteve e costumamos pensar que muitos estão na pobreza porque ele tem fortuna. Entretanto, esse modo de pensar não é verdadeiro; é inteiramente errado. O mundo não é tão pobre que os poucos não possam ter abundância sem apropriar-se do que pertence à maioria.

O universo não é tão limitado e desprovido de bens que as multidões sejam reduzidas à necessidade devido a alguns procurarem rodear-se de coisas belas e valiosas.

É verdade que há justiças no mundo. Há pessoas que adquiriram sua fortuna, não pelo mérito, mas pela arte de reduzir os outros à necessidade; porém, o remédio não se acha na doutrina de que milhares devem necessariamente cair na pobreza, quando um se faz muito rico. Esta doutrina é uma ilusão e as ilusões não podem servir de fundamento para uma ordem melhor. Há na vida o bastante para dar a cada pessoa toda a fortuna e o luxo de que possa necessitar.

O Supremo Arquiteto do Universo, DEUS, possui incomensuráveis riquezas; o universo está repleto de abundância. Se não temos tudo aquilo de que necessitamos, há uma razão para isso. Há, em alguma parte, uma causa definida para isso, quer em nós mesmos, quer nas nossas relações com o mundo, porém podemos encontrá-la e corrigi-la. Então poderemos tomar posse do que nos pertence. Entre as muitas causas de pobreza e a falta de um suprimento completo, há uma que foi inteiramente esquecida.

Vencer essa causa é encontrar um dos caminhos mais importantes do desenvolvimento perpétuo, e o remédio está facilmente ao alcance de todos os que despertaram até certo grau os elementos mais delicados de sua vida. Pode haver exceções à regra, porém há milhares que vivem das migalhas da existência por não serem gratos aos benefícios recebidos. Multidões continuam na pobreza unicamente por não saberem ser gratos e quase todos os que possuem muita coisa não chegam a realizar todos os desejos do coração por não terem uma gratidão completa.

Estamos começando a compreender que a maior das coisas é viver tão intimamente unido ao Infinito que sintamos constantemente o poder e a paz da presença Dele. Com efeito, este modo de viver é o segredo dos segredos na revelação de tudo o que a mente pode desejar saber para tornar a vida o que se destina ser. Compenetremo-nos também que quanto mais intimamente vivermos com o Infinito, mais receberemos o que é bom, porque todas as boas coisas têm sua fonte no Supremo.

Nosso problema está, pois, em sabermos como haveremos de entrar nesta vida de união completa com o Altíssimo. Há diversas coisas a fazer para resolver este problema, porém nada é mais importante para a solução do mesmo do que a profunda e completa gratidão da alma. A alma que se conserva em atitude de gratidão vive mais próxima da verdade, do bem, da beleza e da perfeição do que todas as outras e quanto mais unidos vivermos ao belo e ao bom, mais receberemos dessas coisas.

A mente que vive constantemente na presença do verdadeiro valor aumenta diariamente seu próprio valor. Apropria-se gradual e firmemente do valor com o qual está em contato constante, porém não podemos chegar à presença real do verdadeiro valor, sem apreciar perfeitamente aquilo que tem valor e a apreciação se baseia na gratidão. Quanto mais gratos formos pelos bens que recebemos no presente, mais os receberemos no futuro. Esta é uma grande lei metafísica e nos será de grande proveito observá-la, sejam quais forem as circunstâncias.

Expressemos nossa gratidão por tudo o que recebemos e constantemente receberemos mais; desta forma o simples ato de ser grato se tornará caminho de maior progresso. A razão disso está no fato de que, ao entrardes na atitude mental de gratidão real, nossa mente é levada a um contato muito mais íntimo com o poder que produz os bens recebidos. Por outras palavras, ser grato pelo que recebemos é nos aproximarmos mais da fonte daquilo que recebemos.

Os bens que nos vêm são recebidos por termos empregado convenientemente certas leis e quando expressamos gratidão pelos resultados alcançados, nos colocamos em um estado de mais perfeita harmonia com essas leis, fazendo-nos aptos a empregar essas leis com maior proveito no futuro imediato.

Todos podem compreender isto e aqueles que não sabem que a gratidão produz este efeito devem experimentá-lo e observar os resultados.

A atitude de gratidão coloca a mente em relações mais perfeitas e harmoniosas com todas as leis e forças da vida.

A mentalidade que expressa gratidão adquire maior firmeza, por assim dizer, nas coisas da vida que podem trazer progresso. Isto é exemplificado de um modo simples na experiência pessoal pelo fato de nos sentirmos mais próximos de uma pessoa quando lhe expressamos uma gratidão real.

Quando agradecemos de coração a uma pessoa, nos sentimos muito mais próximos da mesma do que antes de o fazermos. Assim também, ao expressarmos uma verdadeira gratidão da alma a tudo e a todos por aquilo que nos sucede, nos aproximamos cada vez mais dos elementos e energias da vida, isto é, da fonte real de todas as coisas.

Ao considerar este princípio sob outro ponto de vista, notareis que o ato de ser grato é de necessidade absoluta, se quiserdes conseguir tudo o que está nas vossas possibilidades.

Sermos gratos, neste sentido vasto e universal, é entrarmos em contato e harmonia com o que há de melhor e maior na vida.

Tomaremos posse, assim, dos elementos superiores da mente e da alma, e, por conseguinte, adquiriremos a capacidade de nos tornar maiores e executar maiores coisas, seja qual for nosso objeto ou trabalho.

Tudo o que nos coloque numa relação mais perfeita com a vida, e assim nos permita apropriar-nos das maiores riquezas da vida, deve ser empregado com o maior interesse e a profunda gratidão da alma possui um maravilhoso poder neste ponto. Entretanto, o valor da atitude de gratidão não se limita às leis que acabamos de mencionar. Sua força é excepcional em outro campo igualmente importante.

Expressar sentimento de gratidão é pensar no que há de melhor e por isso a mentalidade que expressa gratidão conserva seus olhos fitos no que há de mais elevado, e, conforme outra lei metafísica, vosso desenvolvimento se realiza à semelhança do ideal em que pensamos mais.

A mentalidade descontente fixa a atenção nas coisas comuns,

ordinárias e inferiores, desenvolvendo-se à semelhança dessas ideias.

As forças criadoras que estão em nosso interior constantemente nos formam à semelhança daquilo em que habitualmente concentra nossa atenção.

Por conseguinte, permanecermos mentalmente no inferior é nos tornarmos inferiores, ao passo que conservarmos olhos fitos no que há de melhor é caminharmos para ele.

A mente que exprime sentimento de gratidão está constantemente à espera do melhor, tendo sua atenção presa no que é bom e desenvolvendo-se à semelhança desse ideal.

O indivíduo cujo pensamento é de gratidão, só espera o que é bom e só obtém o bem de tudo o que lhe acontece.

Recebemos sempre o que esperamos constantemente, e quando esperamos continuamente obter o bem do que nos acontece, fazemos com que ele se apresente. Portanto, para o indivíduo que vive no sentimento de gratidão todas as coisas sempre agem para o bem, aumentando-lhe o bem-estar e a felicidade. Isto sendo verdade, todos podem comprovar que o é, procedendo a cultivar o hábito de ser grato por tudo o que acontece. Dando continuamente graças ao Altíssimo por tudo o que nos acontece teremos um sentimento de profunda gratidão para com todos os seres.Todas as coisas se acham colocadas de tal forma na vida que sempre podem ser de alguma utilidade para nós, pois elas se destinam sempre a ser instrumento de nosso progresso.

Portanto, para sermos justos para com o poder que nos envia as coisas, devemos expressar nossa gratidão por elas, embora não estejamos de acordo com os nossos desejos do momento.Sermos gratos para nós mesmos, por tudo quanto temos de bom, pelos esforços com que nos empenhamos na luta do progresso. Sermos gratos a todas as almas e, acima de tudo, expressarmos a mais profunda gratidão ao Criador por tudo o que fomos, o que somos e o que seremos.

Viver na atitude de perpétua gratidão, expressando-a com sinceridade e profundeza todas as vezes que se dá em nossa vida algo de valor. Quando se apresentarem coisas desagradáveis, devemos apagá-las da memória com recordações das alegrias. Sabendo que o bem nos virá eternamente numa abundância crescente devemos agradecer com grande alegria.

Não nos esqueçamos que todos os desejos de nosso coração estão sendo satisfeitos e que caminhamos para a alegria e perfeita felicidade. Encurtaremos o caminho para a chegada deles, por meio de uma atitude de fé e perfeita gratidão. Viveremos por algum tempo de acordo com este princípio e veremos nossa vida mudar para melhor, gradualmente, mas de tal forma que nosso sentimento de gratidão se tornará quase infinito. Notaremos então que o sentimento de gratidão é uma parte necessária da vida real e também verificaremos que, quanto mais gratos formos pelos benefícios recebidos, mais capacidade iremos adquirir para recebê-los.

Atingindo a essa convicção íntima e inabalável, estais no caminho do desenvolvimento perpétuo, porque quanto mais recebeis mais grato vos sentis e quanto maior for vossa gratidão, mais vos aproximeis da Fonte que pode dar-vos mais.

Mudança da adversidade em bênção

Porque eu sei os pensamentos que eu tenho acerca de vós, diz o Senhor, pensamentos de paz, e não de aflição, para vos dar o fim e a paciência.

E me invocareis a mim e irei; e me rogareis a mim, e eu vos atenderei.

Vós me buscareis, e vós me achareis, quando me buscardes de todo vosso coração.
Jeremias, XIX, 11 a 13

João e Rosa eram dois bons jovens amigos e pacientes meus, porém por uma razão qualquer julgavam que minha religião era uma espécie de fantasia ou algo incompatível com a boa sociedade. Ficava muito bem à tia Suzana e era consolador vê-la expressar palavras de conforto às almas doentes e perturbadas, porém as consolações de um sacerdote regular certamente seriam muito superiores. E, quanto ao tratamento das doenças, seria muito preferível morrer, se assim fosse necessário, nas mãos de bons médicos e rodeado de atenciosas enfermeiras.

Como este é um caso mais ou menos íntimo e iremos tomar conhecimento da vida íntima de meus jovens amigos, tive de encobrir os nomes verdadeiros dos mesmos, mas sendo humano e tendo sido muitas vezes vítima de crítica pela minha crença, levantando a cortina para poder ver como certas pessoas vivem numa crença vã que se desfaz logo que vêm as provas.

João e Rosa, costumo chamá-los "casal flores", pois mesmo naqueles dias, algo me dizia que esses amigos eram melhores amigos do que pareciam exteriormente e eram tão esquisitos. Ora, havia cinco anos que "casal flores" tinham casado. Rosa tinha dois belos cães da Pomerânia. João gostava de divertir-se como um rapazola com um belo cão Pastor Alemão. Esqueci-me do nome dele, porém sei que foi necessária toda a minha compreensão da proteção divina e todo o meu desejo de ganhar-lhe a simpatia, para que eu pudesse vencer o medo com que me aproximava desse cão. Para sair um pouco fora do assunto, direi que fiquei sabendo depois que era porque eu tinha certo ciúme dos cães e isto me fizera conservar um ressentimento que o cão percebia e me devolvia na mesma moeda. Hoje somos os melhores amigos, pois nos compreendemos perfeitamente.

Mas, voltando à nossa narrativa, meus amigos estavam casados, havia cinco anos, sem ter filhos. João era membro de diversos clubes e sociedades e Rosa também tinha os seus, saindo ambos muitas vezes a reuniões e danças. João possuía uma boa posição e ganhava bom ordenado e parecia-lhe que isso havia de continuar indefinidamente. Um dia, porém, em que João disse a Rosa que estava muito ocupado no escritório e não poderia levá-la a dançar, que podia fazer ela senão ir com outra pessoa? Além disso, o próprio João lhe dissera que o fizesse. Ele dissera-lhe: "Vá com Silvio, pois não vou sair do escritório hoje".

Entretanto, Rosa ficou um tanto aborrecida. Ela se habituara ultimamente a aborrecer-se de João, e lhe respondera que não iria à reunião dançante. Não iria de modo algum e ele poderia ir para o escritório e esquecê-la, como ela julgava que estava procurando fazer.

Muito bem, Rosa podia passar sem ele, se quisesse. Desde algum tempo já se fora ele, e julgo que perguntar-lhe como passaria o tempo nesse caso, seria motivo para pô-la um pouco nervosa. Ela se arranjou, desta vez, chamando certo Dirceu e dizendo-lhe que o "pobre" João ficaria preso no escritório o dia todo e que, se Dirceu viesse buscá-la em seu belo carro novo, ela ficaria tão satisfeita, pois além de tudo João não queria comprar-lhe um igual.

De modo que Dirceu veio buscar Rosa e a levou a dançar. João foi a primeira pessoa que encontraram ao entrarem no salão, ele e certa senhora que viuvara há pouco tempo. Sem dúvida nada havia de mal em que Dirceu levasse Rosa ao baile e nem em que João, saindo mais cedo do escritório, tomasse a esplêndida Van da senhora Silva e fosse com ela à dança. Sabia que a Rosa mudara de ideia e esperava encontrá-la no baile. Algo, porém, os fez corarem e perderam a calma e juntando os delicados (?) cochichos dos amigos, bastou para aumentar a brecha que já se abrira nas afeições deles. Rosa recusou falar com João e afastou-se, irritada, mas o piso estando muito liso, devido ao preparo para a dança, ela caiu e quebrou a perna direita em dois lugares. Todos viram o quanto estavam tristes. No dia seguinte, o patrão de João lhe disse quanto ficava contrariado porque os negócios estavam indo cada vez pior, sendo obrigado a despedir alguns de seus auxiliares e como sabia que João era moço, bem relacionado e não tinha filhos, tomara a decisão de despedi-lo em primeiro lugar. Era pai de numerosa família e não queria despedir qualquer dos empregados que tivessem filhos a sustentar, senão quando não houvesse outro recurso.

Ora, isso foi um grave sofrimento e eu falei ao João quando ele veio pedir-me que fosse ver Rosa e pedir-lhe perdão, por não ter feito coisa alguma, mas apenas ter sido mal compreendido. O próprio João iria procurar outro serviço como um homem qualquer, e, pareceu-me que, em caso semelhante, a tia Suzana desempenharia melhor o papel de embaixatriz do que um sacerdote regular ou mesmo um médico. De modo que fui falar com Rosa e encontrei-a não só chorando, mas também furiosa com João por não ter ido ele mesmo pedir-lhe perdão e por ter recebido uma carta da tia de João, na qual esta dizia que também estava muito triste pela infelicidade deles, mas sempre lhes dissera que "teriam de mudar de vida antes que ela os ajudasse e a velha tia era rica podendo ajudar o pobre João, se quisesse".

E ela não os ajudou. Talvez eu tenha alguma coisa com isso, porém não estou me confessando. Julgava conhecer João e me horrorizava ver uma boa fibra perder-se. Tendo sido convidado a visitá-lo, abstive-me de fazê-lo, até que Rosa e João vieram ver-me com vivo desejo de saber o que eu considerava os caminhos de Deus. Rosa tinha o hábito de criticar as grandes peças teatrais, e as melhores dentre estas não tinham para ela grande valor. Agora ela se diverte perfeitamente com uma fita medíocre, e o que é mais, tem mais prazer em fazer uma compota de maçãs do que ir ao cinema. Pregar botões nas calças de João já é para ela um trabalho dos mais agradáveis. E, afinal, certo dia fui vê-la inesperadamente e achei-a cortando alguns retalhos para fazer um belo vestido. Depois de algumas lágrimas, lavamos nosso rosto e eu saí para dizer à tia Suzana tudo o que eu vira e ouvira, e fiz as coisas de modo que a tia Suzana prometeu telefonar. Pois ela esperava sair para ver os sobrinhos, mas chovia muito e a tia Suzana tinha oitenta e quatro anos. Além disso, percebi que Rosa queria ficar só com João aquela tarde, pois ainda não lhe havia dito nada. Ela me dissera que seu desejo era que eu fosse o primeiro a sabê-lo. O amanhã sempre vem, embora o esperemos por muito tempo e se o esperarmos com alegria, mais alegres ficaremos ao chegar o dia. A tia Suzana dirigiu-se à modesta residência do "casal flores", no dia seguinte, e ofereceu a João uma boa soma de dinheiro para montar um próprio negócio, não aceitando qualquer recusa da parte dele. João montou seu próprio negócio e agora é considerado um dos mais felizes comerciantes, de sua localidade, que tem aproximadamente uns duzentos mil habitantes e se acha situada ao Centro do estado do Rio Grande do Sul. O filho do "casal flores" é agora um menino de quatro anos e é o melhor companheiro e amigo do cão escocês. Eu e ele somos bons amigos, como são todos os que se compreendem.

CAPÍTULO IX

O VERDADEIRO EMPREGO DA SIMPATIA

A simpatia ordinária é responsável por uma grande porção dos males e perturbações que encontramos no mundo; é que quase todo o sofrimento é mental antes de ser físico e que o sofrimento mental é quase invariavelmente produzido quando entramos em contato simpático com os males que encontramos entre nossas relações, amigos ou associados. A pessoa comum sofreria pouco se sofresse apenas em consequência das desordens que se levantam em seu próprio sistema. É o sofrimento que passa em virtude da simpatia para com os outros, que lhe dá a maior parte da carga que acha necessário suportar. Entretanto, é considerado sinal de bondade, delicadeza e alta consideração, simpatizar com outros deste modo, ou antes sofrer com os outros, porém esse não é o verdadeiro uso da simpatia.

Não ajudamos os outros, enfraquecendo-nos. Não aliviamos a doença tornando-nos doentes. Não corrigimos o erro, entrando no erro ou agindo erroneamente. Não libertamos o homem do insucesso permitindo-nos cair no insucesso. Não emancipamos aqueles que estão presos no pecado, indo cometer o mesmo pecado. Isto é muito simples; porém a simpatia ordinária é baseada na ideia de que só nos simpatizamos com uma pessoa quando sofremos com ela. Esperamos aliviar o sofrimento, pondo-nos a causar o mesmo sofrimento em nosso sistema; porém não podemos afastar a obscuridade, entrando nela. Podemos afastar o erro, apenas pela remoção da causa dele e para remover a causa do erro devemos produzir a causa do justo. A escuridão desaparece quando produzimos a luz; da mesma forma, a doença e a perturbação desaparecerão, quando produzirmos a saúde e a harmonia, porém não podemos produzir a saúde e a harmonia, entrando na doença e perturbação. Entretanto, isto é o que a simpatia ordinária faz; deixa, pois, de aliviar o mundo. O emprego ordinário da simpatia multiplica o sofrimento, tornando-o contagioso. Faz o sofrimento de um fazer muitos sofrerem, e então, por sua vez, faz o sofrimento de muitos aumentar o sofrimento de cada um dos indivíduos cuja simpatia é despertada na mesma relação. Devemos afastar tudo o que tender para o mal, seja físico, seja mental, e é muito evidente que a simpatia ordinária espalha os sofrimentos e males em alto grau. Portanto, uma das coisas mais essenciais na produção da libertação é descobrir o verdadeiro uso da simpatia.

A simpatia em si não deve ser afastada, porque é uma das mais altas virtudes da alma. Entretanto, a pessoa comum aplica mal esta virtude continuamente, e, por conseguinte, causa sofrimento e males, tanto para si como para outros, que facilmente podiam ser evitados. Há um melhor emprego para a simpatia e por meio deste melhor emprego faz todas as boas coisas da vida se tornarem contagiosas. Em vez de entrarmos em contato simpático com a fraqueza que pode existir temporariamente na personalidade do homem, entramos em contato simpático com a força que existe permanentemente na alma humana. Em vez de permanecermos morbidamente nos males e erros que encontramos, busquemos atingir a mais alta realização do bem, do direito, do superior e do belo que possa existir atrás e acima da vida superficial da natureza humana. Conforme uma lei metafísica, quando entramos em contato mental com o bem no homem despertamos o poder do bem nele, e o mais perfeito contato mental é produzido pela simpatia.

Simpatizar com a alma é aumentar o poder ativo da alma, porque sempre despertamos numa ação maior aquele com quem nos simpatizamos, e quando o poder ativo da alma é aumentado, a fraqueza da personalidade se torna forte. Simpatizar com o poder da saúde e harmonia no homem produz aumento do poder de saúde e harmonia em todo sistema e a eliminação da doença e perturbação deve seguir-se inevitavelmente. Simpatizar com o sofrimento de uma pessoa é nada fazer para aliviar esta pessoa. Tomar para nós mesmos o sofrimento, não o retira da pessoa com a qual simpatizamos. Dobraremos assim o sofrimento em lugar de afastá-lo inteiramente, como devemos fazer. Por outro lado, quando recusamos reconhecer o sofrimento em nós e despertamos na pessoa aquilo que pode remover o sofrimento, protegemo-nos do sofrimento, fazendo algo para aliviar o sofrimento desta pessoa. Não sofremos com a pessoa que sofre, mas fazemos algo para afastar o sofrimento de todos os que têm; em lugar de entrar no sofrimento, tiramos a pessoa do sofrimento. Tal é a simpatia que realmente age. Não chorar, mas fazer melhor. Afastar tanto a causa como o efeito das lágrimas. Despertar o poder superior no homem que produz positivamente a libertação. Não fazer que o sofrimento seja transmitido a outras pessoas que nada fizeram para merecer este sofrimento, mas fazer parar o sofrimento onde está e o expelir da existência.

Toda forma de sofrimento vem da violação de alguma lei da vida. É, portanto, errôneo, porém não pode ser corrigido fazendo um esforço especial para espalhar os resultados deste mal entre tantos outros. Isto é o que a simpatia ordinária faz; esforça-se especialmente em fazer que cada qual se sinta mal porque o outro não está sentindo como devia; porém o sofrimento de muitos não pode dar alegria e conforto a um, nem podem muitas mentes presas liberar uma. Quando alguém se sente mal, não lhe adiantará que um grupo de mentalidades mórbidas sofra com ele. Quando alguém está triste, não afasta a causa da tristeza até que outros também decidam ficar tristes. Fazer algo para que a pessoa não se sinta mais mal. Tirar sua perturbação. Essa é a simpatia real; e enquanto a ajudamos, fazemos perceber que nosso coração é tão terno como a própria ternura. Fazemos algo de modo que o aborrecimento seja afastado por meio da realização desta maior verdade que sabe que tudo é bom. Esta é a bondade que merece este nome.

Entretanto, aqueles que têm o hábito de simpatizar-se pela forma ordinária podem pensar que este modo novo é frio, e despido de sentimento ou amor, porém o fato é que a forma ordinária de simpatia é que é despida de amor. Quando uma pessoa está sofrendo, não haveis de ficar ali a chorar, pretendendo que também nos achemos mal. Haveremos de tomar uma atitude de alegria e contentamento e fazer algo tangível para afastar seu sofrimento. Isso é amor; e se temos simpatia real, expressaremos com tanta profundeza de sentimento e ternura que tocaremos na mais íntima vida de sua alma. Todo amor, toda ternura, toda bondade e todo sentimento real vem da alma. Portanto, aquele cuja simpatia é da alma receberá seu amor e sua bondade diretamente da verdadeira fonte; por conseguinte, terá mais amor e mais bondade do que aquele cuja simpatia é uma forma de sentimento mórbido.

O propósito real da verdadeira simpatia é duplo; primeiramente despertar em maior medida o algo sutil na vida que não só é terno, doce e belo, mas também é imensamente forte – forte com a força do Infinito, e em segundo lugar, despertar no homem tudo o que tem qualidade, superioridade e valor; isto é, fazer o homem sentir o poder supremo de sua própria divindade inerente. Há algo no homem que é maior do que toda fraqueza, todos os males, todos os erros, e quando este algo é despertado, desenvolvido e expresso, todas as fraquezas, todos os males, todos os erros devem desaparecer. Simpatizar com este algo maior em todos com os quais entramos em contato desperta este algo maior, não só nos outros, mas também naquele que vive nesta forma de simpatia. Em outras palavras, simpatizar com o superior no homem é banir o erro e o inferior, trazendo a expressão deste algo divino íntimo que tem o poder de fazer tudo bem. Tal simpatia tende a construir uma vida mais forte, uma vida melhor, uma vida superior, uma vida mais bela; e dar tal simpatia para todos é verdadeira bondade.

Parece haver bondade no chorar com os que choram, mas é muito maior bondade dar a essas pessoas o poder de banir seus sofrimentos completamente, e aquele que o faz não é frio; é a própria essência do amor mais alto e mais belo. Não há prazer em ter dor. Portanto, qual é o bem maior que o homem pode fazer para o homem do que ajudá-lo a libertar-se completamente de todas essas coisas? Este é o propósito deste emprego superior da simpatia. A verdadeira simpatia não é fria, nem puramente intelectual. É um real sentimento da alma, ao passo que a simpatia ordinária é simplesmente um sentimento mórbido. A verdadeira simpatia é o próprio fogo do real amor espiritual, porque brota da verdadeira alma do amor e está em constante contato com o poder ilimitado deste amor. É pois perfeitamente evidente que tal simpatia deve ter extraordinário poder emancipador. O emprego ordinário da simpatia pode parecer bondade. Pode denotá-la bem, porém geralmente é bondade mal dirigida e quase sempre fraca. O emprego superior da simpatia, isto é, a expressão da simpatia divina, não é a própria bondade, mas possui a compreensão e o poder espiritual de fazer o que a bondade precisa fazer. A bondade ordinária geralmente é inútil. Falta-lhe tanto a capacidade de fazer, como a compreensão para saber o que fazer. Entretanto, a verdadeira simpatia não só tem o poder de ter bom sentimento, mas também tem o poder de agir bondosamente. Ela não só dá amor e faz cada qual sentir que está na presença de um amor real, mas também dá algo que pode fazer o objeto do amor ser real. O amor real sempre se destina a produzir conforto, paz e libertação. Isto é seu propósito, e a simpatia real pode cumprir esse propósito. Portanto, esta simpatia superior é a simpatia literal.

O mesmo princípio deve ser empregado no uso de toda forma de emoção, porque toda emoção é um movimento da mente que expressa elementos e poderes mentais com certos objetos definidos em vista. Portanto, o modo pelo qual as emoções agem, determina em grande extensão se esses poderes mentais constituirão coisas melhores ou produzirão condições indesejáveis. Estes movimentos da mente ou emoções que se expressam em amor, alegria do coração e sentimento espiritual, têm um efeito benéfico; ao passo que o sentimento mental que geralmente é chamado emocionalismo nunca é sadio. O verdadeiro sentimento espiritual é calmo, mas extremamente belo e desperta ordenada e harmoniosamente todos os elementos melhores da vida humana. É o verdadeiro sentimento espiritual ou o que pode ser denominado sublimes emoções, que dá ação e expressão à qualidade pessoal, valor mental e superioridade individual. Por outras palavras, são essas ações da mente e da alma que elevam o pensamento, a ação, o sentimento, a consciência e o desejo acima dos planos do ordinário. Tais emoções devem, pois, ser cultivadas no mais alto e sublime grau.

O que é expresso como alegria do coração é essa alegria completa que vem diretamente do coração e tem profundidade, realidade e emoções alegres; porém a alegria que se expressa em entusiasmo exagerado, nunca é perfeita. Todo sentimento de alegria que faz a mente ser desviada em exaltação e excessivo entusiasmo, não é alegria, mas intoxicação mental. Tal alegria não produz verdadeira felicidade, e a reação sempre perturba o equilíbrio da mente. A profundeza de pensamento, o claro pensar, o brilho intelectual, o bom juízo, o equilíbrio mental, e tudo o mais diminuirá na mente que se entrega a entusiasmo exagerado, emotividade ou prazer que produz excitabilidade e excessivo sentimento emotivo. O sentimento de amor, quando é amor, é sempre perfeito e elevado, porém o desejo apaixonado sempre abate, a não ser que seja misturado com verdadeiro amor. Um profundo e forte sentimento de amor voltará todos os desejos, mentais ou físicos, a canais construtivos, porém devemos estar certos que é o amor real e não um sentimento artificial produzido temporariamente pelo mau emprego da imaginação. Aqui todo movimento mental que é intenso, forçado, excessivo ou preparado num grau anormal de entusiasmo excitado leva à emotividade, e a emotividade destrói a energia. Quase toda espécie de doenças nervosas pode ser direta ou indiretamente atribuída à emotividade em uma ou mais de suas diversas formas; e como a fraqueza física e mental sempre segue a perda de energia, muitos males físicos e mentais podem ser atribuídos a esta fonte.

Quando a emotividade, o medo, o ódio e o desassossego são eliminados, toda espécie de loucura e de desordens nervosas serão coisas passadas; ao passo que o poder, a capacidade e o brilho da mente normal crescerão em grau extraordinário. Fortes sentimentos emotivos e intenso entusiasmo às vezes despertam uma grande quantidade de força mental adormecida. Por conseguinte, as pessoas às vezes executam coisas excepcionais quando estão sob a ilusão emotiva, porém todo processo, assim como os resultados pelos estimulantes alcoólicos e outras drogas. O sistema parece ser carregado de abundante poder extraordinário durante algum tempo, porém quando vem a reação, todo o sistema se torna mais fraco do que sempre foi. A mente que se deixa dominar por intenso sentimento emotivo perderá gradualmente sua capacidade de pensar com clareza. A inteligência se tornará tão fraca que os princípios da verdade real não poderão ser perfeitamente compreendidos, ao passo que o juízo cada vez mais seguirá as ilusões de uma imaginação exagerada. O fato de que o sentimento religioso entre milhões é tão intimamente ligado a este exagerado estado de emotividade, prova a importância de uma melhor compreensão do uso desses refinados elementos mentais. A emotividade força a mente a seguir a simples emoção, e a simples emoção, não sendo convenientemente misturada com uma compreensão clara, será mal dirigida a todo o momento. A emotividade também embota as percepções mais finas, intoxicando a mente, e queimando as finas energias mentais; e como são necessárias essas percepções mais finas para discernir a verdade real, compreendemos facilmente como as pessoas altamente emotivas não podem compreender os princípios da pura metafísica.

Tendo sido treinada em direção à literatura material, em vez de afastar-se dela, não merecem, entretanto, ser criticadas, nem acusadas. Entretanto, aqueles que desejam encontrar a religião real e a espiritualidade real, devem aprender a compreender a psicologia da emoção e devem aprender o verdadeiro uso de todos os sentimentos mais refinados da mente.

Há algo no homem que é chamado sentimento religioso. Está presente em maior ou menor grau em todos e não pode ser removido, porque é a parte da própria vida. Quando está em atividade, e nunca está inativo por muito tempo, expressa-se em algum poder de emoção. Quando esta emoção ou delicado movimento mental tem a permissão de agir sem qualquer propósito definido, se torna emocionalismo; isto é, energia mental rastejante e vagabunda que se torna cada vez mais intensa até que se destrói a si mesma, assim como todas as energias que continha originalmente. Por outro lado, quando este sentimento é dirigido para a mais alta e mais perfeita concepção da verdade, da vida e do ser que talvez a mente possa formular, tudo o que é elevado, ideal e belo será desenvolvido na mente e na alma deste indivíduo. Isto é natural, porque nada há que tenha maior poder de desenvolver do que o sentimento profundo e espiritual; este é um fato que aqueles que desejam desenvolver notável capacidade, extraordinário talento e o gênio raro, farão bem de lembrar-se.

Não há faculdade mental que seja mais facilmente afetada pelas emoções do que a imaginação e visto ser ela uma faculdade tão importante, nenhum ato mental ou físico que de qualquer forma faça obstáculos à obra construtiva da imaginação deve ser permitido. A emotividade, entretanto, excita invariavelmente a imaginação, e uma imaginação excitada imaginará toda espécie de coisas que não são verdadeiras. A mente assim será repleta de ilusões, e, por conseguinte, de falsas crenças, pensamentos errôneos, estados pervertidos e resultará energia mental mal dirigida. O resultado será doença, perturbações, erros e insucessos em uma ou mais formas. É verdade demonstrada hoje que todo pensamento tem um poder definido e próprio, e que esse poder produzirá seu efeito natural em certa parte do sistema humano. Se o pensamento não é bom, o efeito naturalmente será indesejável, e se produzirão na mente e no corpo condições que não precisamos. Porém, qualquer coisa que imaginamos, nisso pensamos; portanto, quando excitamos a imaginação, imaginamos toda espécie de coisas que são falsas, irreais e anormais; produzimos uma ação falsa ou pervertida do pensamento na mente; pensamos no erro e os pensamentos errôneos invariavelmente produzem falsas condições na mente ou no corpo.

O que imaginamos reproduzimos em nós mesmos até certo grau, às vezes em grau notável; porém uma imaginação excitada simplesmente não pode imaginar o que é bom e perfeito. Em toda forma de desenvolvimento, quer do corpo, quer da mente ou da alma, a faculdade imaginativa é extensamente empregada. Todo crescimento provém da combinação e recombinação dos elementos da vida em formas cada vez mais elevadas, e visto que é uma das funções da imaginação produzir essas combinações superiores, mais complexas e mais perfeitas, não pode haver desenvolvimento se a imaginação não agir em ordem, construtiva e progressivamente. Uma imaginação excitada produzirá falsas combinações mentais ou poderá gastar energia na tentativa de combinar elementos mentais que não se combinam. Uma imaginação ordenada pode ser assemelhada a um hábil operário que edifica uma bela vivenda com seus tijolos, ao passo que uma imaginação excitada pode ser comparada a alguém que nada mais pode fazer do que empilhar esses tijolos em montes. O fato de que a emotividade sempre excita a imaginação prova, portanto, quanto é impossível para as mentes que têm emoções desgovernadas desenvolver a grandeza que está latente nelas.

Outro fato de grande importância em relação a isto é que a emotividade intensifica toda tendência mental que esteja em atividade na mente na ocasião. Se há tendência para desejos anormais, a emotividade intensificará esses desejos de modo que será muito difícil de resistir à tentação, se ela aparecer. Por outro lado, o puro sentimento espiritual transmutará esses desejos e produzirá, pelo contrário, uma tendência ascendente, levando assim todas as forças da mente para um terreno superior.

Para vencer a emotividade, o intenso sentimento mental, a raiva, a excitação e estados mentais anormais, volte a atenção para as alturas espirituais da alma, quando sentires tais estados mentais. Treinando todos os sentimentos mentais e emoções a mover-se para o mais profundo e superior estado mental da existência, esses mesmos sentimentos se tornarão mais fortes, profundos, finos e belos do que foram até então. Estabelecemos assim o fundamento em que podemos construir um caráter ideal, e por meio desse caráter todas as qualidades da mente e da alma podem ser empregadas beneficamente no meio de toda experiência, seja qual for a natureza desta experiência.

Fazer com que todas as emoções sigam tendências ascendentes aumentará notavelmente o poder, a fineza, a vida e o arroubo de toda fase de sentimento, não só na alma, mas também na mente e no corpo. Todo traço de frieza, indiferença ou falta de sentimento desaparecerá completamente, e desenvolveremos, pelo contrário, a forma superior de bondade, simpatia e emoção espiritual que é produzida à semelhança de emoção divina. Aquele que emprega este método não permitirá seus sentimentos se tornarem desordenados em qualquer tempo, mas fará a vida e o poder de todo sentimento acumular-se em seu sistema. Ele os conservará em equilíbrio e empregará suas energias inteligentemente na formação de toda a sua vida e no aumentar a alegria, a delícia e o êxtase de viver num estado de existência completo, ascendente e forte. A pessoa que governa seus sentimentos e dirige todas as energias desses sentimentos para as alturas espirituais da alma se tornará realmente uma chama viva de amor, simpatia e emoção sublime. Tal pessoa gostará intensamente de tudo, porém seu prazer será num estado tão elevado de harmonia que nada gastará em sua vida; pelo contrário, todos os elementos e poderes de sua vida continuarão a acumular-se, dando assim maior força, valor e superioridade a tudo o que possa física, mental ou espiritualmente possuir.

Este capítulo é ilustrado pelo seguinte exemplo:

> *A senhora Elisabeth apresentou-se certo dia no mês de junho, estava criticando tudo, até a si mesma e ao belo sol naquela estação de inverno. Dizia ela: "Não compreendo como as pessoas se extasiam diante da luz brilhante do sol; se tivessem meus olhos, julgo que haviam de ver algo mais que a beleza dela".*
>
> *"Ainda são os olhos que doem?" Perguntei.*
>
> *"Doem? Parece agulhas de fogo fincando neles. Minha cabeça dói, meus pés estão cansados de andar de um lado para outro e o pior, Francisco está novamente embriagado."*
>
> *"Elisabeth, o que acontece com os seus olhos é que pervertestes a visão da alma. Como podes esperar que seus olhos fiquem bons e seu esposo seja correto e ganhe direito para satisfazer suas ambições, se és tão sem atrativo, tão pessimista? Deixe de se lastimar e veja se podes tomar uma atitude alegre por alguns momentos."*
>
> *"Parecer alegre? Não me fales em parecer alegre e ser atrativa. Sabes que estou doente e o Francisco não o acredita.* ***Não posso fazê-lo crer que sofro; oh!, ninguém se simpatiza comigo.***

Nem o senhor, doutor, de quem eu havia de esperar simpatia." Nesta situação, sobrou até para mim, que sou o médico assistente de Elisabeth, devido ao seu pessimismo.

"Por estares me pagando para isso?" Perguntei. "Elisabeth, tens a minha verdadeira simpatia, mas estás aborrecida por não deixar levar-me pela tentação de ter compaixão de você. A compaixão, minha filha, é um veneno. Prefiro te mostrar o modo de conquistar e conservar o amor e a simpatia do teu esposo apelando para o que há de melhor nele. Sem dúvida, os homens gostam que suas esposas sejam atrativas no vestuário, porém antes de tudo um homem, seja ele quem for, ***quer*** *que sua esposa o ajude a achar-se bem disposto – a sentir-se mais homem."*

"Ora, és um moralista, e eu julgava que tu eras um praticante do Novo Pensamento", disse ela com sarcasmo.

"Um bom praticante deve ser tudo, entretanto, nunca conseguirás fazer Francisco abandonar a bebida, recriminando-o continuamente. Procure colocar-se em uma boa disposição mental. Então, examine o que podes fazer com Francisco."

"Porém, minha vista? E de que forma haverei de obter uma disposição mental alegre?"

"Elisabeth", respondi-lhe, "o mal de que sofrem as pessoas que se dirigem a um praticante do Novo Pensamento é que parecem pretender que ele realize milagres e se o que ele faz não parece difícil e misterioso, julgam que não está cumprindo seu dever. Ora, procure compreender que não há ***lei sobrenatural, mas apenas um modo elevado de empregar a lei, não uma só vez, mas sempre. Viva sempre de acordo com ela.*** *Todas as causas de alegria no mundo estão dentro de nosso ser. Comece por ser feliz e a primeira coisa que resultará é encontrares pessoas e coisas que aumentem sua felicidade. Agora mesmo julgas que serás feliz se seus olhos deixarem de doer, se Francisco não beber e ganhar mais dinheiro. Sei que estou certo. E o que é mais, sei que podes estender sua mão e alcançar tudo que desejas agora, antes mesmo de saíres desta sala."*

"Como Doutor? Ensinai-me."

"Apenas dispondo sua mentalidade de forma que estejas sempre alegre, aconteça o que acontecer. Coloque-se diante daquele espelho e sorria para você mesma. Vai, faça-o. Sorria agora. Empregue mais ***vontade*** *nisso. Ah, o esforço lhe faz rir. Ria, ria muito. Que motivo há para rires? Porque rir a respeito de Elisabeth que quer olhar-se no espelho à procura de algo que a ajude a ser feliz, fazendo-a mais alegre e dando-lhe mais uma expressão agradável. Isto é melhor do que trazer uma varinha mágica e dizer algumas palavras incompreensíveis."*

"Escute bem, minha filha. Ao ***se achar em pé diante do espelho, estás olhando firme nos olhos de seu reflexo, estás face a face com a sua alma. Fale agora a essa boa amiga que se acha bem dentro de você, como sendo alguém que conheces muito intimamente: "Alma querida, dai-me alegria. Fazei-me boa, afável e alegre, de modo que possa apresentar uma aparência alegre a Francisco. Minha amiga mais cara, vigiai meus olhos, conservai-os alegres e atraentes, dai a meus lábios um sorriso feliz, pois estou procurando a felicidade, dando-a aos outros. Tornai-me a mulher a quem meu Francisco ame de modo a fazer-se o melhor dos homens".***

"Pratique isso diariamente diante do espelho. Não se preocupes com a maquilagem. Faça uso dela, se quiseres, porém, antes de tudo, aumente a excitação no seu sorriso e em ***sentir seus desejos*** *diante do espelho até que se torne hábito e te acostumarás a ter sempre a mesma disposição alegre. Quando puderes faça-o, Elisabeth, aceite o que digo, estarás em condições de procurar as boas qualidades de Francisco e sei que ele as tem no fundo de si mesmo. Porém, seja como for, nunca digas a Francisco seus defeitos. O que é mais, nunca penseis neles. Ora, minha filha, haverás de aprender a tratar os defeitos como aprendestes a tratar as doenças. Eles são erros e irrealidades. Pois a realidade está atrás das aparências. Faça desaparecer as faltas, ignorando-as e procure diligentemente encontrar a cada grão de bondade que possa existir, e quando o encontrares, elogiai muito o Francisco até multiplicardes seu valor tanto que irás maravilhar-te*

de teres pensado que Francisco não era bom. Faça-o e sua fortuna estará feita, seus olhos ficarão bons e fortes e gostarás do sol, da chuva, dos ventos brandos e das tempestades, pois saberás que todas essas coisas só lhe trarão bem."

"Isso curará meus olhos?"

"Como estão eles agora?"

"Acham-se bons. Julgo que estive tão profundamente interessada no que estávamos fazendo que me esqueci deles."

"Conserve sempre esse interesse, Elisabeth. Conserve seus olhos internos concentrados na procura da felicidade e seus olhos, Francisco, e tudo o mais sempre irão bem."

Elizabeth fez como lhe disse – não, sem dúvida, sem muitas quedas, porém foi perseverante e, afinal, venceu. Há mais de cinco anos que Francisco não bebe mais, foi promovido três vezes com aumento de salário e Elisabeth jamais se queixa que o sol lhe faz mal à vista.

CAPÍTULO X

OS DOZE CAMINHOS DA FELICIDADE

Ser feliz é privilégio de todos e todos podem ser felizes em todas as ocasiões, pelo conhecimento e aplicações de alguns princípios simples.

A razão por que a felicidade não é universal e tão abundante como deveria ser, é que a maioria procura a felicidade por si mesma. A felicidade é um efeito. Resulta de uma causa definida. Portanto, se desejamos obter a felicidade, não devemos procurá-la por si mesma, mas sim procurar o algo que produz a felicidade.

Aquele que procura a felicidade diretamente, que deseja a felicidade por si mesma ou trabalha diretamente para a consecução da felicidade, conseguirá pouco prazer real na vida.

Procurar a felicidade é deixar de encontrá-la, porém procurar a causa dela é encontrá-la em proporção cada vez mais crescente.

Entretanto, a felicidade não é resultado de uma só causa. É o resultado de diversos estados ideais da existência, agrupados num conjunto harmonioso. Em resumo, a felicidade é o resultado da verdadeira existência vivida perfeitamente em todos os planos de consciência.

A felicidade não vem de se possuir muito, mas de ser muito; portanto, tudo o que tender a dar expressão tangível ao ser real do homem aumentará sua alegria. Para produzir uma expressão cada vez maior de ente real do homem, ou, por outras palavras, para fazê-lo manifestar no real uma parte cada vez maior do ideal, podemos apresentar vários métodos; porém, como a felicidade se baseia na simplicidade, os métodos para pôr em ação a causa da felicidade também devem ser baseados na simplicidade, sendo, portanto, necessário empregar apenas princípios que sejam realmente fundamentais.

Entretanto, não se deve aplicar esses princípios isoladamente. É necessário combiná-los todos na vida prática de cada dia, e assim fazendo, a felicidade virá cada vez mais. Os princípios necessários ao aumento perpétuo da felicidade são as seguintes:

1º – ***Viver a vida simples.*** A vida complexa não só é um peso na existência, mas também é invariavelmente um obstáculo às mais altas realizações e bem-estar do homem; e a maioria, mesmo entre aqueles cujas posses materiais são insignificantes, vive vida complexa; porém quando se diz à pessoa comum que afaste a complexidade de seu mundo e adote a simplicidade, ela quase invariavelmente destrói a beleza da vida.

A arte de viver de um modo simples e belo ao mesmo tempo, é conhecida por poucos, embora não seja difícil. A vida simples de quase todos é inteiramente desprovida de beleza e nada tem em si que seja atrativo. Na realidade, é positivamente um obstáculo à felicidade e ao progresso.

Viver a vida simples não é voltar para o estado primitivo, nem dispor-se a ficar satisfeito com coisa alguma ou com muito pouco. É possível viver a vida simples no meio de todo o luxo e fortuna, pois a simplicidade não resulta da quantidade das posses, mas sim do arranjo delas.

A ideia central da vida simples é eliminar tudo o que não é essencial. A pergunta deve ser: "Quais dentre as coisas que me rodeiam preciso eu para produzir o maior bem-estar de minha vida?" Não é difícil responder a esta pergunta, pois quase todos podem determinar logo, o que é necessário e o que não o é, para completar sua vida. Feita a decisão, as coisas não essenciais devem ser afastadas o mais depressa possível. É verdade que devemos evitar os extremos, não fazendo nada que diminua a beleza ou harmonia da vida.

Existem muitas coisas no mundo das pessoas comuns que elas julgam precisar, mas na realidade notam que não fazem mais do que atrasar seu progresso. É, pois, necessário afastar da mente as coisas não essenciais antes de tentar simplificar o ambiente imediato.

A vida simples é bela, afastadas todas as cargas, que são constituídas pelas coisas desnecessárias.

Para viveres a vida simples, esteja rodeado de tudo o que leva diretamente a vosso bem-estar, porém não consideres necessário limitar a quantidade dessas coisas. Esteja rodeado de *tudo* o que for necessário para produzir vosso bem-estar, por muito que seja, porém não coloques em seu mundo uma só coisa que não seja um fator direto de bem-estar. Estabeleça assim a harmonia da simplicidade, sem limitar de qualquer forma suas posses, seu bem-estar ou suas necessidades superiores. Elimine assim tudo o que possa agir como carga, e será facilmente compreensível que, quando se afastam todas as cargas da vida, a felicidade dela aumenta em alto grau.

2º – *Viver a vida calma.* Seja calmo, pacífico, tranquilo e moderado em tudo e em todas as ocasiões. A confusão e a precipitação gastam energia, e é fato conhecido que a depressão e a tristeza quase sempre são produzidas, simplesmente pelo desperdício da energia.

A vida calma e bem tranquila, conservará o organismo sempre cheio de energia e, enquanto estiverdes cheio de vida e energia, tereis bastante alegria e presença de espírito.

Nossos momentos mais tristes quase sempre são resultados diretos das relações provenientes de um pensar e viver precipitado;

portanto, esses momentos serão eliminados completamente, quando nosso pensar e viver se tornarem tranquilos e serenos.

Não é necessário vivermos fazendo grandes esforços para executar muita coisa, assim como também não é a quantidade, mas a qualidade, que devemos procurar. Nosso objetivo não deve ser fazer muitas coisas, mas fazer boas coisas. Se pudermos fazer muitas coisas boas, muito bem, porém, antes de tudo, devemos pensar na qualidade; a quantidade aumentará com a nossa capacidade e nada aumenta mais a nossa capacidade e nada aumenta mais a capacidade física e mental do que a vida tranquila. As mais agradáveis alegrias que a mente pode ter, geralmente resultam das realizações tranquilas da alma, quando tudo está tranquilo e sereno. Portanto, cultivar o hábito de viver sempre nesta calma ideal, aumentará invariavelmente a felicidade diária da existência.

3º – *Amar a todos*. Aquele que muito ama, será muito amado, e nada há no mundo que possa dar mais alegria de qualidade superior do que a abundância do amor real.

O amor egoísta, que é unicamente pessoal, e que *precisa* ser satisfeito para gozar, dá apenas um prazer passageiro, cuja reação é sofrimento. Quando amamos assim, sempre somos infelizes, se não formos diretamente amados, em retribuição, e o amor puramente egoísta nunca é retribuído com amor real.

Quando amamos a todos com o amor puro da alma, o amor que não pede ser retribuído, mas ama porque é amor, seremos positivamente amados em retribuição; e não apenas por alguns, aqui e acolá, mas pelo maior número. Sentiremos que somos amados não pela expectativa de qualquer retribuição, mas porque o amor está presente e *deve* expressar-se – sentir esse amor é uma fonte de energia que não pode ser medida, e todos podem ter em abundância essa alegria.

O segredo simples é amar a todos, em todas as ocasiões e circunstâncias; amar a todos de coração e alma, e *exprimi-lo*, pois assim tudo o que nos acontecer, aumentará os prazeres mentais e as mais altas alegrias da alma.

4º – *Ser útil.* "Dar ao mundo o melhor que possuímos e receberemos dele o que há de melhor." Nada devemos guardar. Se tivermos algo que possamos distribuir ao mundo, vamos dar a todos desde já. Façamos tudo o que pudermos para todos, não por esperarmos a retribuição, mas por ser parte de nossa natureza. Sejamos tudo o que pudermos e façamos tudo o que pudermos. Nunca devemos dizer: "Só farei na proporção em que for pago". Tal atitude conservou muitas pessoas na pobreza. Quando colocamos a recompensa em primeiro lugar e depois o serviço.

Aumentar nosso serviço e a recompensa será proporcionalmente aumentada; assim não só nos colocaremos numa posição em que possamos obter cada vez melhores coisas na vida, mas também viveremos numa posição em que expressaremos cada vez mais as boas coisas que existem na nossa própria vida.

Deveremos lembrar que a maior alegria não vem do recebimento das boas coisas do exterior, mas da expressão das boas coisas do interior; e quando ambas se combinam harmoniosamente, temos todas as alegrias da vida – as alegrias que vêm do mundo exterior e as alegrias que resultam da beleza e esplendor do mundo interior.

Para combiná-las em nossa vida, sejamos úteis; vamos expressar o que há de melhor em nós, e fazer o melhor que pudermos. Assim espalhamos riquezas internas e atraímos riquezas externas.

Dai abundantemente o melhor que possuis e o que há de melhor constantemente fluirá em vossa vida. A profunda satisfação da alma que penetra em nossa mente, quando prestamos um serviço valioso a alguém, as mais profundas e elevadas alegrias que o homem pode conhecer.

As pessoas mais úteis em qualquer lugar que estejam, são sempre as mais felizes e todos nós podemos ser úteis, de mil formas diversas; portanto, temos milhares de modos para aumentar nossa felicidade, se nos lembrarmos sempre de fazer o melhor que pudermos, em qualquer lugar que estivermos.

5º – *Pensar e falar só em coisas elevadas.* Toda palavra ou pensamento que expressamos voltará para nós. Nunca devemos dizer algo que desanime ou aborreça os outros, pois voltará para nós. Aquele que causa sofrimento para os outros trará sofrimento para si. Aquele que aumenta as alegrias dos outros, aumenta perpetuamente suas próprias alegrias.

Podemos dizer sempre algo de bom a respeito de quem quer que seja. Então vamos dizer. Produzirá alegria em todos e também em nós. Pensar apenas no lado belo de todos, pois todos têm um lado belo. Vamos procurar e pensar somente nele.

Assim viveremos no mundo da beleza, e aquele que sempre vive no mundo da beleza, sempre será feliz.

Vamos falar delicada e alegremente com todos; vamos pensar bem de todos, que nossos dias de tristeza desaparecerão. Quando todas as nossas palavras forem animadas pela bondade e a alegria, não só aumentaremos a capacidade de alegria em nossa própria vida, mas também estaremos espalhando a semente da alegria nos jardins da vida universal; virá o dia em que haveremos de colher o que semeamos. Que o tempo de semear seja contínuo, para que a colheita seja contínua; assim faremos uma abundante colheita de alegria ilimitada, em todos os dias de nossa existência.

6º – *Perdoar e esquecer todo mal.* Passamos muitos dias tristes porque persistimos em recordar as coisas desagradáveis. Vamos esquecer os males e eles não nos perturbarão mais.

Perdoando os outros do mal que fizeram não teremos recordações desagradáveis para confundir a nossa mente. Quando as pessoas falam mal de nós, não devemos nos preocupar com isso. Vamos deixá-las falarem o que quiserem, se isso lhes agrada. Nada poderá nos prejudicar a não ser nossos pensamentos e o nosso modo de viver errôneos. Se as pessoas não nos tratam bem, vamos nos lembrar de que elas agiriam de modo diferente, se soubessem melhor, e sabemos que é melhor não nos mostrarmos ofendidos, ou mesmo nos ofendermos por estas coisas. Portanto, vamos abandonar isso inteiramente e vamos ser felizes.

Perdoar a todos as injustiças que nos fizeram e esquecer tudo o que não é justo. Não temos tempo para nos ocupar de males e perturbações que só existem na nossa memória. Nossa memória é criada para um fim melhor.

Vamos lembrar do que é bom, verdadeiro e belo; este é um dos maiores segredos da felicidade perpétua. Quando perdoarmos aqueles que nos prejudicaram, nos elevaremos a um ponto em que pensaremos melhor das mesmas pessoas, do que anteriormente fizemos e, tendo chegado a tal ponto, teremos alegrias muito profundas e comoventes para serem descritas.

Será uma bênção descida diretamente do céu e não se afastará mais de nós. Este fato prova que aquele que aprendeu a perdoar se eleva na escala da vida. Aquele que pode esquecer e perdoar os erros das regiões inferiores da vida, invariavelmente sobe às alturas e é nas alturas que encontramos felicidade real. Tal é a recompensa do perdão. Portanto, não será difícil perdoarmos, quando soubermos que os resultados são tão ricos e tão belos; com efeito, perdoar e esquecer tudo o que parece mal, se tornará assim um prazer almejado.

7º – *Contentar-se perfeitamente com o presente.* Ouvimos falar muito do divino descontentamento, porém o descontentamento nunca é divino, da mesma forma que a indignação nunca é justa.

O contentamento perfeito é um dos mais elevados estados da alma e uma das realizações que invariavelmente se dão no viver ideal. Entretanto, o descontentamento, seja qual for sua forma e motivo, sempre indica que não estamos no verdadeiro caminho.

Enquanto houver descontentamento, haverá algo errado em nosso viver, porém desde que se corrija esse erro, se manifestará um contentamento perpétuo. Se nossas condições atuais não são o que desejamos que sejam, o descontentamento não as melhorará. Vamos nos contentar perfeitamente com o presente e criar mansões mais altas para o futuro; assim, não só melhoraremos anualmente nossas condições, mas seremos altamente felizes todos os dias. Quanto mais perfeito for nosso contentamento atual, mais poder teremos de criar um futuro maior para nós e mais iluminação mental teremos para construir mais inteligentemente o futuro. Quanto mais contentamento mental tivermos, maior será o brilho e o vigor que existem em nossa mente.

Procurar o bem que já possuímos e gozarmos coisas melhores que já estão se aproximando, pela harmonia do contentamento, ficando preparados para recebê-las. Vamos nos colocar também no estado superior de discernimento mental, em que podemos conhecer as boas coisas ao vê-las. Muitas pessoas ficam tão perturbadas pela discórdia do descontentamento, que são incapazes de reconhecer as boas coisas já existentes em seus mundos; assim duplicam a causa do descontentamento.

Entretanto, o descontentamento não quer dizer que devemos estar tão satisfeitos com as condições atuais que não procuremos mudá-las. O verdadeiro contentamento não só aprecia o valor completo do presente, mas também aprecia os poderes superiores da vida, que podem aumentar perpetuamente o valor do presente; portanto, a mente que se acha contente, obtém tudo o que a vida pode dar no grande presente eterno, ao mesmo tempo em que aumenta perpetuamente a riqueza, valor e beleza deste grande presente eterno. Para estarmos contentes, não procuremos defeitos em coisa alguma. As coisas que não são inteiramente justas, podem ser melhoradas. Procuremos melhorar, e um dos maiores prazeres de nossa vida virá diretamente da atividade da vida que faz as coisas melhorarem.

O processo de desenvolvimento e progresso invariavelmente leva à alegria; portanto, se deixarmos de procurar defeitos, e empregarmos todo nosso tempo em produzir melhora, encontraremos fontes de felicidade em toda imperfeição que encontrarmos na vida. Por outras palavras, quando procurarmos melhorar tudo o que encontramos expressamos todo o bem que está latente em nosso mundo, e aumentar a expressão do bem em nosso mundo, é aumentar nossa própria proporção de alegria.

8º – ***Procurar o ideal.*** Procure o ideal em tudo, viva o maior tempo possível em ambientes ideais, porém, se não for possível exteriormente, criai um ambiente ideal interno para viver nele. Viva mentalizando o ideal, seja qual for o mundo exterior.

Vamos nos associar o maior tempo possível com pessoas ideais, e se vivermos uma vida ideal na nossa vida mental e espiritual, seja onde for que estivermos, atrairemos pessoas ideais. E uma das maiores alegrias da vida é associar-se com os que vivem em planos elevados. Não temos tempo para gastar com o comum e o ordinário. Precisamos do melhor. Merecemos o melhor, podemos obtê-lo, procurando viver nossa própria vida ideal. Procurar o ideal tanto no interior como no exterior e procurar fazer real o ideal em todo pensamento, palavra e ato, fará aumentar assim nossa alegria a todo o momento.

9º – ***Desenvolver as faculdades em conjunto.*** É muito importante produzir um desenvolvimento ordenado de todo nosso ser; e estabelecer uma perfeita harmonia de ação entre todos os membros da organização mental e física, é indispensável à felicidade. Desenvolvemos tudo na natureza e colocamos todos os elementos de nosso ser em perfeita harmonia. Subiremos assim perpetuamente a estados superiores de existência e reinos maiores de alegria. Muitas desarmonias e infelicidades que sucedem na vida são resultados diretos de desenvolvimento desigual, e só podem ser afastadas permanentemente pelo desenvolvimento ordenado de todo o homem. O corpo, a mente e a alma devem estar, em todos os sentidos, num equilíbrio perfeito. Quanto mais perfeito for nosso equilíbrio, maior será nossa alegria, pois uma natureza equilibrada se dirige para harmonia e esta leva à felicidade.

10º – *Abrir a mente só aos pensamentos elevados.* O mundo está cheio de pensamentos de toda espécie, porém só receberemos o que quisermos. Nada afeta mais nossa vida do que os pensamentos que temos, e estes dependem quase sempre de nossa atitude mental com as coisas que encontramos na vida. Quando resolvemos receber apenas os pensamentos elevados de tudo aquilo com que entramos em contato, nossa vida melhora extraordinariamente. Entraremos realmente num novo céu e numa nova terra, e as alegrias da existência se multiplicarão muitas vezes.

11º – *Entrar em contato com a harmonia da vida.* O universo está cheio de música, e feliz é a alma que pode ouvir as sinfonias celestes; não encontra maior gozo. Toda alma que esteve em harmonia com as coisas superiores está familiarizada com o prazer profundo que se apresenta à mente quando as sensações da harmonia sublime fazem vibrar brandamente todas as fibras do ser; e todos podemos viver de tal maneira, que possamos estar em harmonia com a música das esferas. Quando aprendermos a nos colocar em harmonia com a música da vida, às vezes, durante horas, permaneceremos em um estado da mais perfeita alegria, e poderemos entrar na mais perfeita intimidade deste algo sublime que os olhos não virão, nem ouvidos ouvirão. Será então que compreenderemos por que o reino dos céus está dentro de nós, e por que as almas que encontraram esta vida íntima são radiantes de alegria? Aqui há felicidade sem limites, felicidade que podemos gozar em toda a parte e em todos os tempos. Seja qual for nosso ambiente, entraremos nesses reinos elevados e seremos os seres humanos mais felizes deste mundo.

12º – *Consagrar todos os momentos à vida superior.* A mente que sempre se eleva, nunca pode estar triste. Ascensão perpétua quer dizer alegria perpétua. Os momentos mais felizes que nos apresentam são aqueles em que nos vemos a subir na escada da existência sublime. Estamos então alcançando as alturas. Estamos entrando nos reinos do cosmos – reinos esses que a alegria é suprema; e um só momento nestes reinos elevados dá mais felicidade do que podemos imaginar em um milhão de céus unidos.

É nesses reinos que entramos no lugar secreto do Altíssimo, e entrar nesse lugar sublime é alcançar toda felicidade que pode dar a vida e ter tal felicidade durante toda eternidade.

Este capítulo será ilustrado pelo seguinte fato:

Nada é difícil para o Todo Poderoso

Se permanecerdes em mim, e as minhas palavras permanecerem em vós, pedi o que quiserdes e ser-vos-á feito.
S. João, XI, 7

Vós não me escolhestes a mim, mas eu vos escolhi a vós, e vos designei para que vades e deis frutos e o vosso fruto permaneça.
S. João, XI, 16

Lembro-me bem do dia e da hora. Haviam dito que eu não devia entrar mais naquela residência. O chefe era um ministro de uma igreja metodista. Sua esposa estivera doente durante vários anos e diversos médicos tinham empregado seu saber em curá-la de suas diversas enfermidades. A principal e última das que a haviam atacado era a tuberculose. Os bacteriologistas haviam dito que o gérmen estava latente. Porém nosso ministro era um honesto cristão, de acordo com seu entender, e considerava um pecado que sua esposa fosse tratada por alguém que não fosse discípulo de alguma escola conhecida da arte de curar um membro regular de alguma igreja reconhecida. De modo que, quando, em desespero de causa, a família se dirigiu a uma amiga a qual a aconselhou a chamar-me, o bom homem disse que se eu fosse lá, consideraria seu dever entregar-me às autoridades policiais por praticar a medicina sem ser autorizado pela sua igreja.

Mandei dizer ao bom homem que era necessário visitar-lhe a casa a fim de que Deus enviasse o poder curador à esposa dele; que meu Deus estava em toda a parte, até na teologia e na igreja e mais ainda que eu sabia que meu Deus tinha uma gloriosa residência nele e na esposa dele.

O homem de Deus encheu-se de zelo quando lhe transmitiram minhas palavras. Na realidade, não tive a ideia de mandar-lhe dizer exatamente isso, mas sendo de temperamento um tanto ardente, respondi vivamente, e não é possível a gente desfazer as palavras que foram confiadas às ondas etéreas do onisciente. A mulher a quem falei transmitiu fielmente minhas palavras ao ministro, resultando disso que o bom homem veio ver-me com o fim de converter-me à "verdadeira religião", pois achou que eu era um médico de brilhantes qualidades e conhecimentos para deixar-me assim, porquanto podia fazer muito mal em ensinar aos outros minhas opiniões. Respondi-lhe: "Não é por essa razão que viestes ver-me. Julgas que viestes para discutir comigo e mostrar-me o mal de minhas ideias, porém sei que Deus lhe trouxe até aqui para que eu possa raciocinar contigo e mostrar o erro em que vives".

Muito bem, para não prolongar-me muito, direi que eu e o ministro empreendemos uma discussão que se estendeu até muito além de meio-dia, resultando convencê-lo, depois de refrescar-lhe um pouco o cérebro com uma taça de chá. Afirmei e provei que o que lhe dissera era verdade. Relatei-lhe, como uma choupana obscura, tomei o caminho de Deus para dar vista a olhos que não viam e terminei dizendo: "Se isso pode ser feito com o poder de Deus, o homem pode e deve formar novas células vitais em qualquer tecido do corpo. Por que haverás de pensar que o pulmão é mais valioso do que a vista? Ou que as células humanas são menos divinas nos pulmões que os olhos? Pois, se admites que a substância dos olhos é divina, isto é, de Deus e por essa razão Ele os cura, então haverás de admitir que há alguma outra substância no mundo que não seja a substância Universal de Deus, formando um outro Deus para adorar, ou então haverás de admitir que os pulmões de sua esposa são formados da mesma substância e têm a mesma inteligência, e que, se Deus deu ao homem o poder de restabelecer um conjunto de células, pode dar-lhe poder para curar quaisquer outras". Foi isso que eu disse ao ministro. Poderá ter-lhe parecido um tanto confuso ou complicado, mas Deus nem sempre fala por palavras. A expressão dos olhos ou do rosto ou a vivacidade das palavras muitas vezes denota melhor o sentido do que aquilo que dizemos. Seja como for, o homem de Deus, pois ele verdadeiramente o era, compreendeu minhas palavras e pediu-me que o acompanhasse à sua casa.

Partimos pelas seis e meia da tarde. O dia todo estava nublado e aquela hora começava a chover. A chuva forte caía sobre o para-brisa do carro. Talvez numa dessas ocasiões, mudei inconscientemente a direção do carro, pois uma hora mais tarde, quando julgávamos estar chegando à residência do ministro, nos apercebemos que tínhamos tomado caminho errado. Devíamos estar no ponto em que a estrada tomava a direção noroeste em vez de leste que devíamos seguir e a casa que estava próxima era a de um paroquiano do ministro. Tínhamos muito frio e saímos da nossa viatura, entrando na casa para nos esquentar um pouco, vendo que nossa visita ali também era a propósito e a tempo. Deitada num leito colocado na sala de visitas estava uma senhora, presa dos mais terríveis sofrimentos causados pela pneumonia e junto a ela uma criança de três anos, que quase morreu também pela pneumonia. A mulher nos disse que seu marido tinha ido chamar um médico, porém ela temia que ele chegasse tarde demais para tratar dela ou da criança. Muito bem, pelo que parecia, a previsão da mulher estava certa, porém lembrei-me de que, quando Jesus entrara no quarto em que jazia a filha do governador, ele dissera que ela estava "adormecida", e perguntei ao ministro se ele se lembrava desse trecho do Livro da Lei. Respondeu-me que sim. Disse-lhe eu então que esquentasse uns panos que encontrasse e me trouxesse uma bacia de água quente e depois pegasse o Livro da Lei, a Bíblia, e me lesse aquelas palavras. Até hoje não sei realmente por que mandei fazer assim. Desde há muito aprendi a não duvidar dos impulsos do Espírito. Sentei-me com a criança que estava envolvida em um cobertor, e tendo a mão da mulher presa à minha fiquei a sonhar quanto era bela e atraente, havia de ser a filha do governador. Uma bela moça, pensei eu, com os cabelos pretos, pele aveludada e faces coradas como maçãs. Como ela havia de ter olhado para o rosto glorioso, quando se despertou do sono, como havia de ter ficado alegre. Um carro parou à porta; entraram dois homens, o marido da doente e o dono da Farmácia, pois não havia encontrado o médico. A criança estava tranquilamente dormindo em seu colo e a mulher dormia com um sorriso nos lábios e tendo a mão entrelaçada com a minha. Eu havia examinado, prescrevi e disse: "Passou a crise. Ficarão bons".

Olhei para o ministro, a cuja casa nos preparávamos para ir e disse-lhe: "Alegro-me por termos vindo". Ele respondeu-me com as seguintes palavras que muitas vezes tenho repetido a outros: "Nunca houve uma noite tão escura, nem um caminho tão difícil que Deus não pudesse achar saída, seja onde for que estejamos e quais forem vossas necessidades. Experimentamos. Confiamos nele. Vamos falar como faremos a um verdadeiro e leal amigo que pudesse nos compreender e fosse capaz de fazer o que nos fosse necessário".

Sem dúvida, a senhora do ministro ficou boa da tuberculose, pois foi encaminhada para uma Unidade Sanitária da Secretaria de Saúde, e recebeu toda a medicação e o controle sanitário do Estado. Uma coisa tão insignificante não é difícil para o Todo Poderoso executar.

CAPÍTULO XI

A VERDADEIRA EXPRESSÃO

O maior serviço que cada qual pode prestar à humanidade é ocupar utilmente o lugar em que se acha, cumprir seu dever. Todavia, não é só os outros que se aproveitam desse ato individual. O próprio indivíduo receberá maior benefício da vida por meio deste modo de proceder do que de todos os outros. O maior dos segredos é vivermos nossa própria vida no nosso ambiente, do melhor modo que pudermos.

Nesta época, milhares estão procurando o caminho do desenvolvimento espiritual e grande progresso intelectual, ao passo que milhares sonham com as belezas da vida. Em vista disso, surgem sistemas e mais sistemas que pretendem revelar o caminho secreto que conduz à realização desses objetivos. Porém, todos esses ensinos se resumem no seguinte: ***Seja tudo o que sois hoje e sereis ainda mais amanhã.***

Se procurarmos grande desenvolvimento espiritual, expressaremos nossos conhecimentos atuais e aplicaremos toda energia espiritual de que dispomos à nossa vida. Se pretendemos viver uma vida ideal, vamos procurar dar realidade à vida mais bela que possais imaginar.

Se pretendemos conseguir grandes progressos e aumentar

nossa esfera de utilidade, faremos o melhor que pudermos na posição que hoje ocupamos.

O poderoso carvalho chega a ser grande porque cresce no presente; não se preocupa com o passado ou com o futuro; é o que é no presente; desenvolve-se silenciosamente e sem procurar parecer mais do que é. O lírio do campo é belo porque se satisfaz inteiramente por ser um lírio, porém não se contenta por ser menos do que um lírio pode ser. Não trabalha arduamente para ser belo mas expressa o que é e por isso foi imortalizado pela maior mentalidade que viveu na terra. Seguindo o exemplo do lírio, veremos que o segredo da vida é tão simples e claro que todos podem compreender.

Expresso o que conheço hoje. Não fico satisfeito com uma expressão inferior, porém não quero ser mais do que sou. O progresso, o desenvolvimento e o triunfo não vêm por excesso de esforços. A mente que faz excessivos esforços terá uma reação, descerá e terá que começar de novo.

O resultado real só pode vir, se fizermos o melhor possível no momento atual, dando toda nossa vida consciente para esse fim, porém não mais. Se procurarmos expressar mais vida do que pudermos sentir confortavelmente em nossa consciência, estaremos fazendo um esforço excessivo e poderemos ter uma queda.

O grande erro de nossa época é fazer demasiado esforço, é cuidar do trabalho como se fosse coisa extremamente difícil.

O homem que trabalha demais quase sempre executa pouca coisa de valor; ao passo que o homem que possui consciência, realmente treina sua vida e energia para trabalharem por meio dele.

Os lírios do campo não estão atarefados em serviço árduo e no entanto sua utilidade é incalculável. Cumprem seu destino, dão realidade ao ideal que têm e são inspirações vivas para todos. Vivem para expressar a beleza e se tornam belos, não por ambicionarem a beleza, mas expressando toda beleza que já possuem em si.

O que há dentro de nós está constantemente procurando

expressão. Não precisamos forçar para que ela se dê, nem trabalhar muito para pô-la em ação. Só o que devemos fazer é permitir que nossa vida se expresse, dar ocasião para o que está dentro se manifestar completamente. Não é preciso trabalhar arduamente para alcançar a grandeza. Todos somos naturalmente grandes e nossa grandeza potencial sempre está pronta a manifestar-se, desde que deixemos de lutar para isso, mas procuremos aplicar no momento nossa vida ao que temos a fazer.

O lírio é belo porque não faz obstáculo à sua inerente beleza a que se manifeste; porém, se o lírio procurasse seguir a vida de um esforço exagerado, em pouco tempo se degeneraria.

A humanidade atual se assemelha em muitos casos à semente inútil. Em cada geração, milhões entram na vida material e saem dela sem nada terem executado. Nem mesmo vivem uma vida de satisfação.

A razão é que se esforçam demasiado e o esforço que fazem destrói as próprias energias que produzem a grandeza. Trabalhamos demasiado para obter os resultados, não sabendo que a única causa de resultados está dentro de nós, pronta a produzi-los, desde que lhe demos oportunidade.

Muitos destruíram seus cérebros à procura de métodos para produzir saúde, felicidade e triunfo, não sabendo que essas coisas já existem dentro de nós em abundante suprimento, bastando apenas um profundo pensar de nossa parte para que apareçam na expressão externa.

O segredo dos segredos é permitir que o que há de melhor em nós tenha perfeita facilidade de expressão. Contudo, a maioria deixa de fazer e, por conseguinte, não se desenvolve convenientemente.

O lírio permite suas forças internas se manifestarem. Ele não as impede, porém o homem as impede. Ele recusa aceitar as dádivas da natureza e dificilmente aceita o auxílio de um poder superior.

Procura fazer tudo por si mesmo e envelhece, tentando alcançar o que foi dado desde o princípio. Abandona a riqueza real da existência e entra na vida das ambições pessoais, esperando encontrar algo melhor e criar algo superior, porém não o consegue, porque o homem nada pode sem o concurso do poder interno.

Em geral, as pessoas não compreendem que é impossível criar algo de nada, nem que o poder criador é a vida interna.

Procuram conseguir muito e fazer-se grandes por meio da ambição pessoal e do demasiado trabalho, porém ninguém pode construir sem material e o material necessário para constituir a grandeza só pode ser obtido por uma expressão justa da vida e do poder interno.

O homem que espera basear a grandeza nas limitações pessoais perder-se-á nos esforços, deixando seu trabalho por acabar, nas mãos de outros que talvez sigam o mesmo caminho. Assim passam as gerações, cada qual esperando triunfar onde seus predecessores fazem, olhando, sendo, afinal, pouco conseguido pelos homens dessa classe.

Isto é o que acontece com os homens em geral. Passaram-se as multidões durante séculos e séculos sem nada terem conseguido ou apenas com progressos muito lentos. Houve poucas exceções em cada época do passado, e isso foi porque recusaram seguir os caminhos comuns. Aprenderam a lição que os lírios ensinam e preferiram deixar a vida expressar-se, deixar a grandeza íntima manifestar-se, deixar a força interna agir, permitir que o que há de real no homem possa agir.

Quando alguém descobre sua entidade real e permite que ela possa expressar-se completamente, seu tempo de tristezas, perturbações e insucessos desaparece. Desde então viverá como uma flor, expressando completamente a força interna de que dispõe. Cumprirá seu objetivo na vida, desenvolvendo cada vez mais a sua grandeza íntima.

Se uma flor, cuja alma é tão pequena, pode fazer-se tão admirável pela expressão de sua energia interna, quanto mais não poderá o homem, se assim fizer. O homem é criado à imagem de Deus e possui energias maravilhosas dentro de seu ser. Quando essas energias recebem uma completa expressão, o homem passa a ser o que o Infinito estabeleceu para seu destino. Na alma do lírio se acha escondido o espírito de beleza, nada mais. Porém, o lírio não impede que este espírito apareça na forma visível; por isso é que se torna uma inspiração de alegria para todos. O infinito está escondido na alma do homem e podemos supor o que virá a ser quando permitir que o espírito divino se expresse através de sua forma pessoal. Esta é uma grande verdade e merece a atenção de toda mentalidade que aprendeu a pensar.

Podemos julgar que os progressos que fizemos foram devido a um trabalho árduo e esforço pessoal, porém estamos enganados nesse ponto. Em primeiro lugar, os resultados obtidos pelo trabalho árduo são sempre pequenos e não possuem valor permanente e são realmente úteis, são dados no momento em que expressamos a vida com maior calma.

Descobrimos, portanto, que o esforço excessivo nada realiza e só expressando naturalmente as energias de que dispomos é que conseguimos as coisas de valor.

Ocasiões há em que abandonamos nosso trabalho excessivo por momentos e abrimos inconscientemente nossas almas ao algo superior, e o influxo de vida real que nos vem nessas ocasiões é a causa dos progressos reais que fazemos. Nessas ocasiões, procedemos como o lírio, deixamos que os bens existentes em nosso íntimo se expressem; demos entrada às energias superiores de nossa mente e não colocamos obstáculos à expressão completa das mesmas.

O que conseguimos nesses momentos está sempre conosco e nunca deixa de nos fortalecer, dando-nos energia e inspiração, embora depois tomemos novamente o caminho errado. Porém, visto que cada passo que damos no caminho do progresso se apresenta quando recusamos seguir a rota comum, devemos compreender que ela está errada. Devemos, por conseguinte, libertar-nos deste modo de viver, pensar e agir.

O mundo procura obter grandes coisas por meio da ambição pessoal e do trabalho árduo. O verdadeiro modo de alcançar grandes coisas é permitir que a grandeza interna tenha uma completa expressão. Da mesma forma, quando procuramos saúde, felicidade e harmonia, o verdadeiro modo de proceder é expressar essas qualidades que já existem em nós e estão prontas a aparecer. Não é necessário nos esforçar para que elas se expressem ou para consegui-las, pois já se acham em nós à espera da oportunidade para aparecerem.

Quando nos habituamos a ficar em perfeita calma e deixar que nossa vida interna se expresse, sentimos que a energia se acumula em nós até termos o sentimento de que poderíamos mover montanhas. Sentimos também que, ao voltar a atenção à profunda alegria que há em nós e abrir a mente de um modo completo ao influxo superior, ficamos repletos de felicidade, conforto e alegria que nos parecem infinitamente mais perfeitos do que podemos imaginar. Da mesma forma, quando deixamos de encontrar saúde no exterior ou por meio de processos externos, encontramos invariavelmente esse Dom precioso no interior, desde o momento em que nos entregamos a ele de corpo e alma.

Nesta época, a ambição pessoal é um dos fatores que governam a vida e quase todas as pessoas tentam vencer os concorrentes. O resultado disso é que construímos e derribamos no mundo exterior, porém pouco progredimos no conjunto.

Esquecendo-nos da grande fonte interna, deixando de permitir que as forças íntimas se expressem, não podemos conseguir muita coisa que seja realmente grande. Nunca houve um tempo em que a observação do lírio do campo fosse mais necessária do que agora.

A humanidade se dilacera na luta para segurar ilusões, ao passo que as grandes recompensas que lhe pertencem de direito se perdem no pó e confusão. Mas, somente pelo exemplo, podemos inspirar a geração atual com o desejo de voltar à natureza e seus belos caminhos. Para mudarmos o modo de viver do mundo, haveremos de mostrar pelo exemplo que o nosso viver é o melhor.

A humanidade em geral não escuta a razão, e aqueles que se acham na corrente de atividade se dão ao trabalho de pensar, além de que lhes falta a compreensão suficiente para compreender os princípios em que se baseia a verdadeira vida feliz. É preciso ver para crer, é o lema seguido pelo gênero humano e, portanto, são necessários os exemplos vivos daqueles que experimentaram a superioridade do caminho espiritual. De modo que aqueles que sabem viver como o lírio se julgam no dever de colocar suas luzes onde possam ser vistas.

Quando pudermos verificar pela vossa própria experiência que a ambição pessoal e o trabalho árduo não são necessários para atingir grandes coisas, mas obstáculos reais, e que as grandes coisas se oferecem àqueles que permitem sua natureza real expressar-se, terão dado um grande brilho a nossa luz, que se tornará visível a todos.

Aqueles que entendem tudo literalmente se admirarão de como algo possa ser realizado sem trabalhar, porém não devem esquecer-se que há trabalho e trabalho. O trabalho que é feito pelos que seguem a rota mundial é árduo, estafante e deprimente. É destrutivo para a vida humana e constrói uma coisa destruindo outras, não produzindo, afinal, bem permanente algum tanto para o indivíduo como para a humanidade. Pelo contrário, o trabalho feito por aqueles que encontraram o modo real de viver não é árduo, nem estafante. Este trabalho não é executado por um esforço árduo, nem luta externa, mas feito por uma expressão natural das grandes energias íntimas.

Neste modo de trabalhar, primeiramente daremos caminho para nossas forças internas se manifestarem e depois iremos dirigir consciente e inteligentemente. Não dependeremos das forças pessoais e de difíceis esforços físicos. Iremos nos colocar nas mãos de um poder superior, e, ao receber essas forças, fazer com que elas façam o que desejamos executar.

Muitas vezes sentimos uma energia estranha expressar-se e trabalhar por nosso intermédio, e nessas ocasiões trabalhamos com prazer. Sem dúvida, dirigimos essas forças conscientes que eram nossas, nossas forças superiores, porém não foi necessário um árduo esforço pessoal. Apenas este caminho para as forças se expressarem, dirigindo-as com firmeza e calma para o que desejamos executar; então começaremos a sentir uma poderosa força expressar-se através de nós, parecendo provir de uma fonte inesgotável e dirigir nossos músculos para fazer o que queremos. Acabado tal serviço, notaremos que foi um trabalho superior e, embora nos tivesse tomado várias horas, nos sentiremos mais vigorosos do que ao começá-lo.

A razão disso é simples. Não dependemos de limitações pessoais e dos esforços árduos e não procuremos forçar a fazer mais do que nossas capacidades comportam.

Abrimos nosso ser à expressão de toda a energia que há nele e recebemos assim a força suficiente para executar o que pretendíamos e ainda muito mais. Enquanto nos conservarmos receptivos a essas energias, não nos faltarão forças para executarmos o que for preciso.

Quando o organismo está repleto de energia, o trabalho é um prazer, e enquanto houver abundância de forças, o cansaço é impossível. Existe bastante energia na vida real para conservar nosso organismo em perfeita abundância de forças, por mais trabalhos que iremos fazer e por maiores que sejam as tarefas executadas. Quando considerarmos os lírios do campo, como eles crescem, notamos que, naturalmente, deixam que a vida íntima se expresse;

não se esforçam para crescer, pois, como tudo o mais, possuem a faculdade de crescer de dentro e não fazem obstáculos à expressão da força interior.

Da mesma forma, quando nos compenetramos que Deus reina dentro de nós e é o próprio poder Dele que se expressa por nosso intermédio, não teremos de trabalhar muito, nem durante muito tempo para atingir este estado. Permitindo que as forças divinas em nós existentes se expressem, desenvolvemo-nos tanto mental como espiritualmente.

Tudo procura expressar-se. Coisa alguma na natureza visível ou invisível necessita ser forçada a expressar-se, porquanto no íntimo de todas elas há um profundo e forte desejo de expressão.

Por conseguinte, para nos elevar na escala da vida, devemos abandonar os estados mentais confusos e destrutivos que impedem a expressão e nos tornar como os lírios do campo. Dai à vida interna a possibilidade de expressar-se, pois ela fará nosso trabalho com perfeição e nos dará uma vida feliz e bela.

A divindade interna nos fará semelhantes a ela, nos fornecendo contínuas energias espirituais para a execução de nossa tarefa material. O que havemos de fazer para que essas coisas sucedam em nossa vida é pensar, viver e agir à semelhança de Deus.

Aqueles que não compreendem podem pensar que a individualidade do homem pode ser diminuída por esse modo de proceder, porém não se dá isso, porquanto o poder interno é nosso próprio. Assim procedendo, não fazemos mais do que expressar e desenvolver nossa própria entidade. Dando expressão franca a nossos poderes internos e superiores naturalmente os desenvolvemos e adquirimos maiores forças espirituais.

Os lírios do campo não se tornam de qualidade inferior por deixarem o espírito de beleza expressar-se através deles. É por este método que se tornam o que são e que a glória do homem artificial nunca pode ser comparada com a deles. O mesmo acontece com a alma humana. Esta faz-se grande e bela, deixando que a própria grandeza e beleza se expressem livremente.

Milhares de pessoas estão, na época atual, se esforçando para desenvolver poderes superiores. Muitos fazem grandes esforços e trabalham arduamente para conseguir diversas qualidades mentais e dons espirituais, e não o conseguindo senão em pequena escala, frequentemente se desanimam e abandonam os processos, julgando que são falsos.

Outros, ambicionando fazer-se grandes no mundo, procuram empregar leis espirituais na realização de suas ambições pessoais, porém sofrem reações tão desagradáveis que se convencem de que o proveito não compensa o trabalho.

Subir rapidamente ao pináculo é a paixão dominante da maioria e quando não o consegue com qualquer método que emprega, conclui que a verdade não passa de uma doutrina formulada pelo homem. Entretanto, é fato que a verdade mal aplicada toma aspecto da falsidade. Para aplicarmos os princípios da verdade real à consecução de alguma aspiração elevada que pretendamos alcançar, a primeira coisa é estabelecermos um perfeito contato com a vida infinita e eterna; em segundo lugar devemos determinar positivamente o que desejamos conseguir na nossa vida pessoal, e, por último, procurarmos exteriormente a saúde, a felicidade e a harmonia.

Sem a saúde, nada podemos alcançar de valor permanente. Sem a felicidade, nossas qualidades serão como flores sem luz, e sem a harmonia, a maior parte das forças que recebemos se desperdiça.

Para obtermos a saúde, a felicidade e a harmonia, basta-nos apenas expressar nossa vida naturalmente. Em segundo lugar tomar a resolução de estar perfeitamente contente com o viver. Não pensaremos em brilhar, adquirir fama ou fazer algo admirável para que a humanidade se lembre de nós por muito tempo.

Muitas pessoas trabalharam arduamente para conseguir a fama e morreram prematuramente na obscuridade. Entretanto, a fama, em si mesma, não tem valor algum. Se não sois feliz, nem tendes saúde, a fama não pode dar valor a vossa vida. Se sofreis e não tendes felicidade, de que vos serve que vosso nome seja conhecido? Não é a glorificação humana que havemos de procurar, mas a vida do Infinito. Os elogios mundanos não podem dar coisa alguma, porém a vida interior pode dar-nos tudo o que o coração pode desejar.

A verdadeira fama vem para aquele que a merece, sem procurar obtê-la, porém só podem merecer a honra da humanidade os que sempre procederam bem e não perderam as oportunidades de prestar serviço, vivendo constantemente para o fim de ser uma inspiração a todos.

Podemos considerar esta parte do assunto de qualquer forma que nos aprouver, sempre haveremos de chegar a uma só conclusão. Só é grande e merecedor de honras aquele que vive de tal forma que expressa sempre o que há de melhor em si. É assim que vivem os lírios do campo e quando os homens viverem como eles, então se tornarão realmente grandes, constituindo uma raça de deuses e realizando o sonho utopista do profeta.

O pensador comum julgará isso impossível, porém todos podem demonstrar que não o é. Aqueles que estão acostumados com métodos comuns de pensar, julgarão que é difícil aplicar estas novas ideias nos assuntos mundanos, porém não devemos esquecer que não é onde trabalhamos, nem o que fazemos, mas sim o modo por que o fazemos que determina os resultados.

Trabalhar de forma a permitir o ilimitado poder interno de agir por vosso intermédio é o segredo do verdadeiro trabalho, e isto não só fará que o trabalho nos seja agradável, mas também nos permitirá fazê-lo cada vez melhor. É, pois, a estrada real para a alegria e as coisas grandiosas do futuro.

Pelo método antigo, somos obrigados a esgotar-nos hoje a

fim de preparar algo para o futuro; porém não acontece o mesmo no novo. Ao mesmo tempo em que nos preparamos para o futuro, vamos gozar a vida atual, porquanto aumentamos nossa expressão de poder interno, fazendo-nos cada vez mais fortes, mais sadios e mais felizes.

Empregar o mesmo princípio no desenvolvimento das faculdades. Não lutar para atingir a grandeza, saber que temos todas as grandezas em potencialidade e deixando expressar e viver em nós, executando grandes coisas.

Quando aplicamos este princípio a tudo o que fazemos, notamos que nosso progresso se torna firme, mais uniforme e mais rápido. Nosso progresso será constante e realizaremos na vida material maiores ideais. Neste mesmo momento em que um novo ideal se apresenta, encontraremos em nosso íntimo o poder de realizá-lo.

Sabemos então que a vida em si mesma é bela e que, permitindo que ela expresse em nós sua beleza, viveremos consciente e pessoalmente a mais bela vida que podemos imaginar, sem fazer esforço pessoal para isso. Quando começarmos a viver, pensar e agir de acordo com estes princípios, seremos levados para diante por uma força misteriosa que parece fazer tudo para nós.

Entretanto, logo ficamos sabendo que essa força é nós mesmos, nosso eu superior, criado à imagem de Deus, e que pode fazer tudo o que desejamos. Será para nós grande alegria notar que tudo caminha calma, harmoniosa e prazerosamente, produzindo grandes resultados. Empreender trabalhos extraordinários se tornará um dos nossos maiores prazeres, porquanto nada encontraremos que seja demasiado árduo e difícil. Os obstáculos desaparecerão à nossa presença e teremos a convicção íntima de que, seja o que for que pretendamos realizar, conseguiremos fazê-lo.

Não estremeceremos mais diante de acontecimentos que exigem excepcional sabedoria e poder. Saberemos que a sabedoria estará pronta para falar o que for necessário na ocasião e que há energia presente para fazer o que for necessário no momento. Estando em contato com a grande fonte interna, podemos receber desse manancial inesgotável tudo o que possamos precisar a qualquer tempo.

O medo desaparece, ao passo que a fé se torna mais forte e perfeita; a tristeza e o desespero deixam de existir, pois tudo caminha para o melhor. Na presença da morte temos a convicção de que aquele que se vai, não faz mais do que elevar-se para viver mais ainda. Sabemos que, seja o que for que suceda, no final só receberemos o que é novo e belo. Não pode ser de outra forma, porquanto, tendo determinado ser tudo o que somos, não podemos deixar de sê-lo, porque agimos de acordo com a lei da expressão.

Teremos assim abandonado as ilusões do mundo e adotado o caminho da verdade. Teremos visto as belezas da natureza e aberto nossas mentes às visões da alma. Teremos descoberto o segredo da vida triunfante e, como os lírios do campo, aprenderemos a viver sob o influxo das forças internas.

Exemplificarei este capítulo com uma história de uma senhora, que é minha paciente, que relata um episódio de sua vida:

A LIÇÃO DAS COTOVIAS

Olhai para as aves do céu que não semeiam, nem ceifam, nem ajuntam em celeiros, e vosso Pai celestial as alimenta; não valeis vós muito mais do que elas.
Matheus,* VI, *26

Possuo uma nova residência. É uma prova obtida diretamente da fonte de todo o bem. Esta é a maior razão para que eu tome algum espaço para falar-vos desse assunto. Lede cuidadosamente. Estudai os métodos empregados e também vós sereis capaz de obter aquilo que vindes desejando desde há muito.

Durante doze anos tive uma só residência. Tanto é que residiam naquele grande prédio, de 72 apartamentos, aproximadamente 600 pessoas. Agora tenho novo endereço, pois brevemente estarei na minha casinha.

Durante anos, antes de vir a Porto Alegre, tinha casa própria, e onde havia árvores, flores e hortaliças, com que preparava minhas refeições. Ora, não posso plantar flores em pavimento de asfalto. Há algumas semanas estive de visita a uma bela vivenda e tirei meu retrato embaixo de uma grande videira que cobria todo lado de um grande quintal. E como desejei ter uma tal residência – não talvez tão grande, mas tão bela e atrativa.

De volta para casa, durante a noite, não pude dormir por causa da satisfação de ter estado lá, das boas horas que passei e o desejo de ter uma residência semelhante. Repetidamente veio-me a ideia que podia tê-la. Tudo o que tinha de fazer era pedir ao Pai, ***crendo*** *e me seria dado. Ora, havia uma casinha que eu vira e julgara ser boa. De modo que, estando em casa, escrevi para um corretor de imóveis para que visse o preço da casa. No dia seguinte eu e meu esposo tomamos o ônibus e fomos ver a casa, mas ao chegar encontramos um papel em que estava escrito: "vendida". Fui tentada a desanimar por alguns minutos, pois eu e meu marido tínhamos procurado casa por toda a parte e aquela era a única que nos parecera inteiramente conveniente, isto é, em quase todos os pontos. Desejamos apenas que o ambiente geral fosse mais atraente. Porém a casa estava em bom ponto em relação a Porto Alegre, pois havia ônibus que permitiam meu marido chegar à hora certa ao seu escritório, de modo que julguei conveniente comprá-la, pois o preço era convidativo, e ter, afinal, sido vendida a alguém foi desconcertante. Lembrei-me, porém, que* ***"Deus nada tira de seus filhos senão para dar lugar a alguma coisa melhor".*** *Por isso eu disse: "Querido Pai, irei agora procurar a coisa* ***melhor*** *que guardastes para mim". E tendo-o dito em meu coração, parti com meu marido para tomar o próximo ônibus para Porto Alegre. Algumas quadras antes de chegar ao centro, chegamos à Rua Sete de Setembro e vimos a placa de uma agência de corretagem de propriedades. Disse a meu marido: "Vamos ver o que tem para oferecer-nos".*

Ele respondeu:

"Os preços nesta imobiliária são muito elevados e ***temo*** *que não encontraremos aqui o que nos agrade".*

Respondi-lhe:

"Apenas temo que não procure direito a melhor residência que meu Pai me reservou". E fomos para o escritório de corretagem e ali eu disse ao homem o que estava procurando. Respondeu-me ele: "Julgo ter a propriedade que a Sra. procura". Levou-nos então em seu carro para vermos uma casinha e logo à primeira vista apaixonei-me por ela. Sim, gostei tanto, pois preenchia tão bem meus desejos como se tivesse sido feita para mim. Conversando, porém, com o agente a respeito das condições de venda, vi que não podia aceitá-las, de modo que lhe dissemos que iríamos pensar.

Sim, ***pensei com um fim.*** *Trabalhei para sentir, ver e ter a percepção mental de que era minha casa e que naquele momento estava vivendo e trabalhando nela, com prazer, e, em seguida, escrevi ao agente expondo-lhe as condições que podia aceitar. Na manhã seguinte recebi uma carta dele dizendo que o proprietário da casa estivera no escritório lendo minha carta e* ***aceitara de boa vontade minha proposta.***

O que devia então era fazer um depósito e passar a escritura provisória. Fizemos isto e então minha fé teve de passar por severa prova. Chegou-me uma carta de outro estado dizendo que eu devia arranjar certa quantia de dinheiro até um dado tempo. Podia fazê-lo com bastante facilidade, porém, isso me impediria de fazer o pagamento da casa, conforme minha oferta. Que devia fazer? Confesso que sou apenas um ser humano e minha fé foi consideravelmente abalada durante uma hora ou mais, porém me veio então a ideia de que talvez trabalharia melhor, se eu me dirigisse de novo para a casa e fizesse meu trabalho mental ali. Tomei de novo o ônibus e voltei para a casa. Ali, sentei-me no gramado, procurei fazer meu trabalho, porém meus pensamentos continuaram confusos. O dinheiro era mais necessário no outro Estado do que eu precisava da casa e nunca pensara em deixar de mandá-lo. Notei logo que permanecera muito tempo ali sentada na relva. Estava ficando tarde. O sol estava se escondendo. Esquecera-me de preocupar-me com os assuntos monetários ao observar aquele glorioso pôr do sol. Era coisa sublime. A fim de poder compreender quanto era belo, devo falar do lugarzinho que Deus me reservara – sim me reservara. Os fundos da casa davam para um campo. Ao longe via-se uma pequena nuvem. De modo que podia gozar mentalmente das maravilhas de um grande e arredondado sol vermelho, todo resplandecente, emitindo milhões de raios através do véu da atmosfera, que se apresentava toda purpurina. Porém, estava ficando tarde e, sem ter resolvido meu problema, tive de voltar para casa. Voltei-me para ver o glorioso pôr do sol, quando, desses campos, que estavam verdejantes e repletos de flores vermelhas e amarelas, surgiu algo que parecia folha seca. Porém, ela ao elevar-se no ar, cantava. Apareceram outras e outras a cantar e percebi então que eram cotovias que se alegravam com o pôr do sol. As AVES se divertiam e me ensinavam uma lição. A lição que o antigo Mestre ensinara a algumas pessoas ao lembrar-lhes que nenhuma ave cai ao chão sem que o Pai cuide dela. Que aquele que sustenta as aves, veste os lírios, zelava pelas cotovias e podia cuidar de mim com a mesma facilidade e tudo o que eu devia fazer era ***deixar de ficar ansiosa pelo amanhã****. Chegando à casa, encontrei uma carta de um antigo estudante que me pedia um ano de tratamento mental e me mandava adiantado um cheque em pagamento. Esse estudante sabe que pode esperar colher mais trigo de dois alqueires de terreno plantado do que de um, de modo que em vez de pedir-me "desconto" no preço do tratamento, envia-me o dobro do preço estabelecido.*

CAPÍTULO XII

O PROBLEMA DO MAL

A todo momento nos achamos diante de coisas que julgamos que podem ser diferentes. Se possuímos ideais superiores, não nos acharemos satisfeitos de deixar que essas condições continuem como são; talvez sejamos levados a nos queixar ou combater.

Pelo contrário, se nossos ideais forem inferiores, nos sentiremos indiferentes, mas então vamos notar que as coisas irão de mal a pior. Entretanto, o que estamos procurando é nosso conforto atual e a melhora de tudo o que nos pertence, e desejamos saber como vamos poder realizá-lo no meio da confusão, ignorância e outros males que reinam no mundo.

Quando nos mostramos indiferentes ao mal, ele se torna pior; portanto, mesmo para nosso próprio bem, devemos fazer algo com essas condições desfavoráveis que existem no nosso lar, na sociedade ou no país. Devemos encarar todas essas coisas e fazer como convém, mas de que forma?

Combater, criticar ou condenar não faz as coisas melhorarem, nem dá solução ao caso; pelo contrário, esse estado mental é prejudicial à tranquilidade, saúde e êxito do indivíduo.

A mentalidade dada a criticar se esgota a pensar no mal, e este aumenta cada vez mais. Mostrar-nos desiludidos ou contrariados porque o universo não se move de acordo com a nossa fantasia não muda o universo, mas enfraquece nossa mente e nosso corpo.

Se vivermos constantemente descontentes porque as coisas

não estão de acordo com os nossos desejos, perderemos todo gosto pela vida, e nada faremos. O modo habitual de encarar os problemas da vida não resolve. O modo usual de encarar as tentações e dificuldades dão a elas maior força, envolvendo em maiores perturbações a pessoa que procura resistir-lhes.

S. Thiago nos ensina o que devemos fazer em semelhante circunstância: "*Tende por motivo de grande gozo, quando passamos por diversas tentações*". Tal é o segredo que permite vencer.

Seja o que for que aconteça, ter por motivo de grande alegria, concordância com as adversidades, não combatendo, nem condenando. Nunca devemos desanimar, nem ficar contrariados e não nos deixar vencer pela tristeza e o desassossego. Seja o que for que aconteça, devemos nos alegrar na força interna que nos fará vencer as dificuldades.

Aquele que encara a adversidade na atitude de paz, harmonia e alegria mudará os inimigos em amigos e o insucesso em triunfo. Quando as coisas não saírem de acordo com os nossos desejos, não daremos atenção a isso. Continuaremos a ter tudo por motivo de alegria e tudo se mudará de forma a nos dar maior alegria.

Se estamos procurando o melhor, todas as coisas se combinarão de forma a nos dar o melhor e os desejos de nosso coração serão realizados, talvez não no presente, mas no futuro em melhores condições do que esperamos.

O que é bom é sempre bom, sempre é bem recebido. Enquanto esperamos, vivamos em harmonia e satisfação e isto por si só já é um grande bem. A pessoa que vive constantemente aborrecida e triste, afasta cada vez mais a alegria de sua vida, e as nuvens da tristeza se tornam tão fechadas que ela deixa de ver a luz que a rodeia. Pelo contrário, aquele que tem tudo por motivo de grande alegria, mudará as coisas para o lado bom e alegre e assim receberá alegria de toda a parte.

Quando deixarmos de receber o que procuramos, não

ficaremos desanimados. Teremos por motivo de gozo; iremos nos exultar de felicidade, pois temos um motivo para isso. De fato, quando deixamos de obter o que procuramos é porque há algo ainda melhor para nós, por conseguinte, não há razão para deixarmos de nos alegrar.

Isto é sempre o que acontece quando nosso desejo real é receber o que há de melhor e, treinando a nós mesmos a ter tudo por motivo de alegria, nossa mente desenvolve em si o desejo de ter sempre o melhor.

Procurando apenas o melhor, só este nos virá e não sofreremos desilusões ao perder uma choupana para receber um palácio. Quando nos acharmos diante de inimigos e adversários, não iremos oferecer resistência, nem questionaremos os mesmos; e sim procuraremos entrar em acordo.

Talvez pareçam obter o melhor na ocasião, porém podemos fazer o que desejam. O Infinito é nosso suprimento. Quando uma porta se fecha, outra se abre, e se deixarmos que o **Supremo Arquiteto do Universo** nos abra, ela dará entrada para coisas muito maiores e melhores do que as que perdemos.

Sendo condescendente com nosso adversário, atingimos um plano superior, tornando-nos um ente mais elevado. Isto denota que podemos obter coisas ainda melhores e superiores, o melhor proveito vindo a ser, por conseguinte, nosso e não de nosso adversário.

Seja o que for que tivermos de fazer, faremos com alegria. Vamos ficar alegres dada a oportunidade de dar luz à escuridão e desenvolver nossos poderes latentes fazendo o que parecia difícil. Se nos considerarmos iguais à ocasião, seremos; por conseguinte, deveremos considerar um privilégio prová-lo.

O mundo está à espera de grandes almas – almas que estejam prontas a executar o que as outras não conseguiram. Podemos vir a ser uma dessas grandes almas demonstrando a nós mesmos que estamos à altura das ocasiões, e, se tivermos tudo por motivo de alegria, estaremos sempre à altura das ocasiões. Quando nos acharmos no meio de tentações, vamos nos alegrar de todo o coração, porque estamos diante de uma grande oportunidade para mudar o mal em bem e isso é sinal de grandeza.

Milhares de pessoas morreram sem ter conseguido o triunfo e a apreciação por não se terem mostrado superior à tentação, à tribulação e ao mal.

Consideraremos todas as tentações e dificuldades como oportunidades para corrigir o mal e vamos nos alegrar por essas oportunidades nos terem sido apresentadas.

Aquele que transmuta o mal em bem se eleva e se aproxima de um bem maior. Aquele que deixa de elevar-se, permanece entre os inferiores e imperfeitos, não só no seu caráter como nos resultados a obter.

Por conseguinte, suceda o que for, ou por mais difícil que seja o que tenhamos de fazer, procedamos com calma e alegria. Temos a alegria de ter oportunidade para mostrar nossas forças e assim nos elevar. Vamos nos alegrar sobremaneira por sabermos que podemos mudar muita coisa para melhor por meio desta atitude e assim abençoar a vida das multidões.

Vamos treinar em considerar as coisas de acordo com este princípio e notaremos que tudo pode produzir alegria.

Tudo pode dar causa para nos alegrarmos, desde que recebamos na atitude de ter tudo por motivo de alegria. O mesmo princípio pode ser empregado com grande vantagem para vencer as dificuldades.

Ao sermos chamados a fazer coisas que parecem ser muito difíceis ou sermos chamados a cumprir deveres que não nos agradam, não vamos recusar. Temos por motivo de alegria essa tarefa desagradável, procurar fugir dessas ocasiões é perder uma valiosa oportunidade. Toda pessoa deseja elevar-se o mais possível, porém para consegui-lo, é necessário despertar todas as forças latentes, e não há coisa que mais desperte nossas energias latentes do que fazer as coisas difíceis.

Quando nos encontrarmos com tendência a desviar de certas tarefas, descobriremos um ponto fraco em nossas qualidades. Não permitindo que essas qualidades assim permaneçam, executaremos aquilo que receamos fazer. Desta forma, a qualidade em que somos deficientes será fortalecida e toda nossa natureza passará por uma importantíssima disciplina e treino.

Nada é realmente desagradável, a não ser que assim o julguemos. Isto é, podemos receber o que é desagradável de tal forma que deixe de ser desagradável, e o segredo desse modo de proceder está em ter tudo por motivo de grande alegria.

Poderemos estar no meio da obscuridade e da tristeza; se vivermos numa atitude alegre e satisfeita, a obscuridade e a tristeza não nos afetarão. Poderemos viver numa atmosfera de alegria, seja o que for que aconteça em nosso ambiente.

Quando resolvermos fazer certas coisas e o fizermos com a convicção de que teremos o perfeito prazer nelas, encontraremos um real prazer e faremos bem esse trabalho.

O prazer e a alegria vêm de dentro, e quando a fonte deles está cheia, dá alegria a tudo o que rodeia.

Para fazermos com que essa fonte esteja sempre a derramar abundantemente, façamos de tudo como motivo de alegria.

Não dê atenção à fraqueza e procure sempre mudá-la em fortaleza. Todas as vezes que tiverdes dificuldades, ou fordes chamado a fazer o que não vos agrada, tendes uma fraqueza a vencer.

Podeis vencer essa fraqueza, fazendo voluntariamente o que vos é exigido e resolvendo a fazê-lo com prazer.

Nunca deixeis passar essas ocasiões sem aproveitá-las, pois é uma oportunidade muito útil de progresso.

Seja o que for que vossa atual esfera da ação exija de vós,

estais em condições de fazê-lo, e deveis executá-lo, se quiserdes expressar o que há de melhor em vós.

As tarefas que parecem difíceis e as exigências que parecem injustas não são, afinal, difíceis, nem injustas. São apenas boas oportunidades para virdes a ser o que nunca fostes. São apenas estradas para um maior progresso, alegrias mais agradáveis e vida mais grandiosa. Portanto, quando essas ocasiões se apresentarem, alegrai-vos.

Quando não consegues obter no presente o que esperais, não fique aborrecido.

> *Vamos nos determinar a permanecer tão satisfeitos com as condições como elas são, como estaremos se elas fossem de acordo com a nossa expectativa. O sentimento de desengano e aborrecimento não é produzido pelos acontecimentos, mas sim pela nossa atitude para com eles.*

Podemos receber todos os acontecimentos com tal disposição mental que de modo algum nos sintamos aborrecidos e esse estado mental resulte em termos tudo por motivo de grande alegria.

Sabendo que tendes em toda eternidade inumeráveis alegrias a gozar, não vos sentireis aborrecido agora por um acontecimento insignificante ter sido adiado.

E tendo um perfeito domínio de vossa mente, tereis o poder de produzir tanta felicidade na falta desse acontecimento como na presença dele, porque os acontecimentos em si não podem produzir felicidade.

O mesmo se dá com as coisas e objetos. Não são as coisas em si que nos dão alegria, mas sim o modo como as consideramos, e podemos considerá-las como nos aprouver, sejam quais forem as circunstâncias.

Quando o presente exige que estejamos alegres apesar de os acontecimentos não serem o que esperávamos, aproveite a oportunidade para mostrar que estás à altura da ocasião. Assim desenvolvereis uma capacidade latente. Quando tendes tudo por motivo de grande alegria, saberás que está em tuas mãos viver sempre alegre.

Tenhas então a certeza de que, seja o que for que aconteça, é sempre o melhor, pois terás a capacidade de transformá-lo em bem.

Sempre acontece o que há de melhor para aquele que procura o melhor. Por conseguinte, seja o que for que aconteça, deverás dar-lhe oportunidade para mostrar que é o melhor que podia acontecer.

Tua felicidade não depende dos acontecimentos, nem do que faz, ou do que tenhas. A felicidade resulta do que és no momento presente ou do que crias agora.

Quer estejas em uma choupana, quer numa sala luxuosa e repleta de gente, a felicidade que possas gozar depende inteiramente de tua disposição mental. Podes ter a disposição mental que quiseres, pois és o senhor de tua mente e podes manter um estado alegre, seja o que for que aconteça.

Quando as coisas não se apresentam de modo que nos agradem, devemos apreciá-las tais como se apresentam. É desta forma que facilmente nos conciliamos com nossos adversários; ***recebemos*** assim nosso inimigo, em vez de combatê-lo e, se o recebermos na verdadeira atitude, ele se tornará nosso melhor amigo. Teremos tudo por motivo de grande alegria e a adversidade servirá para aumentar nossas forças.

O mal se transformará em bem, se o recebermos de tal forma que aproveitemos dele o que tiver de melhor, e esse proveito será incontestável desde que o recebamos com a convicção de que tudo age para nosso bem.

Quando nada sucede no exterior para nos dar felicidade e alegria, devemos procurá-las no interior, onde sempre as encontramos em abundância.

As regiões celestes estão sempre prontas a abrir suas portas, porém para isso é preciso que dirijamos nossos pensamentos para elas.

Entretanto, se permanecermos sempre com a atenção voltada para as coisas exteriores, deixaremos de perceber a fonte de alegria. Se, porém, voltarmos nossos pensamentos para a fonte interna da alegria, esquecendo-nos dos acontecimentos desagradáveis, entraremos num estado mental em que nossa alegria será permanente, e assim fazendo, conseguiremos, com o tempo, que tudo suceda de modo a dar-nos alegria.

Quando falam mal de nós, se pensarmos em tal coisa, nos julgaremos ofendidos, porém se tivermos bastante pureza mental para não dar atenção a isso, continuaremos nosso caminho sem dar ouvidos. Tomaremos tudo por motivo de alegria e receberemos alegrias de nossa atitude elevada no assunto, portanto não tardará que as opiniões mudem a nosso respeito.

Quando é necessário que faças certas coisas, faças-as com o sentimento de que és obrigado. Afirme que queres fazê-las e faça-as com maior atenção e boa vontade.

Nunca digas: “Tenho uma obrigação a cumprir”, mas sim: “Eis uma oportunidade que me é dada aproveitar”. Adestrai-vos no desejo voluntário de fazer tudo o que vossa atual esfera de atividade exige.

Aquele que executa com amor, alegria e perfeição seus deveres presentes será chamado a fazer coisas muito maiores e melhores no futuro.

A alma inspirada por sentimentos nobres e elevados não pergunta se a tarefa é desagradável e difícil, tais ideias não a preocupam. Põe-se a fazer logo tudo o que tem que fazer com a vontade firme e o coração alegre.

Se tiveres antipatia por alguém, encontrastes um ponto fraco em teu caráter. Estás diante de uma dificuldade que precisas vencer logo. Não permitas que esse obstáculo continue em teu caminho.

A alma que está livre de fraquezas tem amor a tudo o que **Deus** criou, pois não dá importância às imperfeições que os homens expressam na vida.

A inteligência não se destina ao estudo das ninharias, ilusões e erros.

Tendo ódio a alguma coisa, reconheçamos a existência e força de coisas que não possuem uma existência real, nem forças reais, caindo assim num estado mental confuso.

> *Não podemos fazer mais do que amar o que Deus criou, porém se virmos nisso outra coisa e tivermos antipatia por esse objeto, estaremos vendo o que Deus não criou. Por outras palavras, estaremos dando atenção a erros e ilusões e a mente não nos foi dada para esse fim.*

Destrua a ilusão pela mudança do ódio em amor e tudo tomará outro aspecto. Verás então as coisas, colocadas num plano superior, o plano divino, e notarás que todas merecem nosso amor.

> *Por conseguinte, se tivermos antipatia por alguém, venceremos essa fraqueza, dando-lhe todo amor que há em nosso coração. Amai-o e expressai esse amor, apesar de tudo o que tenha feito contra nós.*

> *Nada há no mundo que seja capaz de elevar a alma acima das trevas da dor e da ignorância como um puro e forte amor espiritual, e não é difícil dedicar tal amor a alguém ao saber que é uma criação de Deus, e que nossos erros são simples criações humanas.*

> *Haveremos de esquecer dos males e dos erros.* ***Nosso desejo é cumprir a vontade de Deus, e esta é que amemos a todos os seres como o próprio Deus os ama.***

Bibliografia

ASLAN, Nicola, *Estudos Maçônicos sobre Simbolismo*. Edições GOB.

BARTH, F. Grupos étnicos e suas fronteiras. In: POUTIGNAT, P.; STRIFF-FENART, J. (Orgs.). *Teorias da Etnicidade*. São Paulo: Unesp, 1997 [1969], p. 187-227.

BATTAL, Moisés Mussa. *Lições de Filosofia Geral e Maçônica*. A Gazeta Maçônica.

BÍBLIA SAGRADA. 40. ed. Vozes e Santuário.

CARDOSO, F. H. *Capitalismo e Escravidão no Brasil Meridional*. São Paulo: Difusão Europeia do Livro, 1962.

CARVALHO, José Jorge. *Inclusão Étnica e Racial no Brasil*. A questão das cotas no ensino superior. São Paulo: Attar Editorial, 2005.

DAL POZ NETO, J. Antropólogos, Peritos e Suspeitos: questões sobre a produção da verdade judicial. In: SILVA, O. S.; LUZ, L.; HELM, C. M. (Orgs.). *A Perícia Antropológica em Processos Judiciais*. Florianópolis: UFSC, 1994, p. 53-59.

GONZALEZ, L. O. Movimento Negro na Última Década. In: GONZALES, L.; HASENBALG, C. A. (Orgs.). *Lugar de Negro*. Rio de Janeiro: Marco Zero Limitada, 1982, p. 9-66.

HASENBALG, C. *Discriminação e Desigualdades Raciais no Brasil*. Rio de Janeiro: Graal, 1979.

MADRUGA, Sidney. *Discriminação Positiva: as ações afirmativas na realidade brasileira*. Brasília: Brasília Jurídica, 2005.

MAGGIE, Y. *Medo do Feitiço: relações entre magia e poder no Brasil*. Rio de Janeiro: Ministério da Justiça, 1992.

SANTOS, Jocélio Teles dos. *O Poder da Cultura e a Cultura no Poder*. A disputa simbólica pela herança cultural negra no Brasil. Salvador: Edufba, 2005.

XAVIER, F. C. *O Consolador*, pelo Espírito Emmanuel. 7. ed. Rio de Janeiro: FEB, 1977.

_____. *Palavras de Vida Eterna*, pelo Espírito Emmanuel. 8. ed. Rio de Janeiro: FEB, 1986.

_____. *Vinha de Luz*, pelo Espírito Emmanuel. 3. ed. Rio de Janeiro: FEB, 1971.

Editora Maçônica

A TROLHA

Redação, Diagramação,
Composição, Revisão, Arte-Final.

Rua Castro Alves, 264 – Jd. Shangri-lá A
Fone: (43) **3337-1982** – Fax: (43) **3326-0915**
CEP 86070-670 – Londrina – Paraná

Home Page: http://www.atrolha.com.br
E-Mail: redacao@atrolha.com.br